U0513062

LUMINAIRE

光启

守望思想　逐光启航

挣扎中的决断

ある方法の伝記

Takeuchi Yoshimi

Tsurumi Shunsuke

竹内好传

[日] 鹤见俊辅 著　刘峰 译

LUMINAIRE BOOKS

上海人民出版社　光启书局

借由竹内好
献给素未谋面的友人

目录

一

道德的根据何在

在战败 [1] 之初的日本，或是由于纸张短缺，或是因为作者难寻，出版书籍和杂志变成了一件颇为困难的事情。当时市面上已有的书籍和杂志多是在战争末期刊行的，只不过为了顺应时代的变化而对其"后记"略加了一些修改而已。

但没过多久，大抵自 1945 年 12 月起，战败后方才启动的《新生》《近代文学》等杂志便开始在店头现身。至翌年年中，小篇幅的杂志也接二连三地出版。而战前业已存在的《文艺春秋》《KING》[2] 也在此时加入了这些小杂志的行列，迎来了新的发展。于是就像参加青梅马拉松、波士顿马拉松那样，不论大人物还是小人物、专业的还是业余的，都开始

---

[1] 指 1945 年日本战败投降、第二次世界大战结束。——译注（如无特殊说明，本书脚注皆为译注。）

[2] 杂志《文艺春秋》创办于 1923 年，《KING》创办于 1924 年。后者因使用英文（外来语）作为标题，战时曾被勒令更名为《富士》。

向前奔跑了起来。

竹内好曾在其中一份小杂志上发表过题为《中国人的抗战意识与日本人的道德意识》的文章。

此文在开头即介绍了林语堂（1895—1976）的《京华烟云》（*Moment in Peking*）及其续篇《风声鹤唳》（*A Leaf in the Storm*）。前者出版于1939年，翌年被译成日文时出现了三种版本。即：

《北京历日》，藤原邦夫抄译，明窗社

《北京之日》（全两册），鹤田知也译，今日之问题社

《北京好日》（全三册），小田岳夫、庄野满雄、中村雅男、松本正雄译，四季书房

竹内说，这部小说和中国文学史上同时代的作品相较而言算不上优秀。因为它看似模仿《红楼梦》创作而成，使用了类似风俗画卷般的手法，却并不具有《红楼梦》作者那样的反俗精神。和同时代小说家茅盾从《子夜》到《霜叶红似二月花》不断走向成熟相比，林语堂的作品作为现代的中国文学很难称为优秀。

尽管如此，竹内仍在文中介绍了这部小说。其原因即在于三种日译本都无一例外地存在删减省却的内容。

这或许是受制于当时的环境，不得已而为之，因为若不采取此种办法就无法获准出版。虽是无奈，却也可惜。而若将其完整译出并刊行上市，一旦那些可能有助于日本国民反思战争的最佳材料的关键部分遭到扭曲或抽离，或许又会带来反作用。林语堂在书中控诉日本国民道德责任的言辞会反过来给日本读者留下死鸭子嘴硬的印象；若强调中方在道德上占据了制高点，则会被视作"弱者的哭诉"。甚至不仅仅是被视作哭诉，为译本添加解说的人还可能有意识地将此种偏见强加于读者，并强调进行删减不会影响作品的本质。

譬如在当时的译本里，有如下一段话值得推敲：

"博雅这人，他决心戒毒的原因是非常有意思的。说是有一天他和太太在东安市场走着，某国的水手跟在后面摸了他太太的臀部，到第三次再出手时，她太太实在不堪其扰，便大声喊了起来。博雅大怒并回过头去，结果那个水手又朝博雅脸上扇了一巴掌，哈哈大笑了起来。由此，博雅便下决心要戒毒了。"

木兰问："被打了之后，博雅怎么办？"

"能怎么办，什么也做不了。中国警察可管不了这事。"

木兰的内心被触动了。

同样一段话，竹内是这样翻译的：

"谁让博雅下决心戒毒，您知道吗？是一个日本水手。……穿日本水手制服的人跟在他们后面……博雅的太太回身看了，那人仍不肯作罢。太太感到害怕，便低声细语地告诉了丈夫。于是那日本人第三次动手时，太太尖叫了起来，博雅则愤然回过头去。没想到那日本水手竟然'啪'的一声朝博雅脸上扇了一巴掌，然后哈哈大笑起来。博雅对日本人的恨真是渗入了骨髓。他意识到自己抽白面儿的习惯是日本人造成的，所以决心戒掉。"

木兰问："他被打了，后面怎么办？"

"能怎么办？中国警察管不了日本人。有治外法权哪！"

木兰的内心被触动了。

在战时的译本里，原文中的"日本人"全部被替换成了"外国人"，抑或是翻译成"某国的水手"。有敏锐洞察力的日本读者，应该能够意识到这是在说日本人。但这样一种逃避式的翻译手法，却导致林语堂原文中那股横溢的气魄完全丢失了。

可以看到这一部分，是环儿在解释博雅这个吸毒者（曾在天津的饭店里抽了一支茶房递来的藏有白面儿的香烟，从而上瘾）是怎样通过自己的意志戒除毒瘾的。在竹内看来，作者林语堂把博雅化作了中国人的代表，如果在这里不提及日本人和中国人之间那种复杂纠葛的关系，那么"木兰的内心被触动了"一句就会像是悬在半空的说辞。只要读到这一节，中国人都会感同身受并与木兰产生共鸣，美国人在读英文版时也能够有所察觉，而日本读者，即便读了三种不同的译本，也无法真正领会其中的含义。

当时日本的军部 [1] 一直通过秘密机关从事鸦片的销售，在中国人群体中不断增加鸦片、海洛因吸食者的数量，并利用手头能够自由支配的资金来对其进行操纵。竹内在提到此事时是这样说的：

> 那些贩毒的和走私的，从未在道德上质疑过自己的行为。若试着分析他们的内心，我作为日本人是能够找到原因的。即，其道德的根源在于国家，且是由一个作为神的人统治的国家。若给其一个爱国的暗示，则必当

---

[1] 当时日本的军部，通常在狭义上指陆军方面的陆军省（军政机关）、参谋本部（军令机关），以及海军方面的海军省（军政机关）、军令部（军令机关）。在广义上，则是日军高层组织的总称。

确信一切都是善的。里面不存在所谓人文主义这一市民
社会性的伦理感。因此，贩毒的和走私的其实也有值得
同情之处。从另一方面说，这同时也证明问题在于日本
的资本主义并没有培养出此种伦理感来。不仅没有培养，
反倒使之走向了退化。商人的素质也好，在华浪人的素
质也好，自岸田吟香以来一直都处在退化之中。而军队
的素质，义和团运动时期和此次战争时期有着天壤之别。
基于帝国主义论来看，其中或许正存在着某些不可分割、
切离之物。进一步说，如果认为此次战争是一场帝国主
义的侵略战争，或许有些夸张了，它实际上更像是近代
以前既已有之的掠夺战争。至少可以认为它是一种伪装
成帝国主义的原始掠夺，带有特殊的、日式的双重性格。

竹内提出这一见解的根据，来自他曾作为士兵参加侵华
战争的亲眼所见。而对其来说算不上优秀小说的《京华烟
云》，则能展现出日本人无法看到的侵华战争的另一面相。

林语堂是如此看待战争的。对他而言，战争就是野
蛮人的入侵。因而只能实现暂时性的征服。（而 *Moment
in Peking* 这一英文标题即来源于此，所以日文译名并不
妥帖。所谓的"Moment"，不仅是指 1937 年以后，或许

亦可回溯至 1900 年以后。）

在这里，竹内把中国人"视五十年如一瞬（Moment）"的历史观和日本人"视眼前胜利为一切"的历史观做了对比。

他指出，林语堂将日本的侵略看作一个 Moment 并始终坚信中国人的道德持久力能将其一口吞噬，这相较于鲁迅的"绝望"或许缺乏足够的深度，但对比同样处在"Moment in Peking"这一战争中并鼓吹所谓"Moralische Energie"（道义生命力）[1] 的日本御用学者，却显然更加亲近人民大众。

林语堂通过小说向我们展示了野蛮为野蛮所灭的历史观，且不断鼓舞着中国人民凭借自身力量完成抗战。他寄希望于身患毒瘾的博雅自力更生，正是在中华民族面对压迫而挺身反击时向自己发去的喝彩。尽管在延安提出"论持久战"的毛泽东和林语堂有着完全不同的身份，但两人在对日抗战这一点上却是彼此相通的。而其中的鸦片问题，实则占据着极为重要的位置。

长期以来，鸦片始终是中国军阀的财源所在。因此禁止鸦片的政策总是在垄断利润的诱惑中败下阵来。即

---

[1] 德国历史学家兰克提出的概念，此后被日本京都学派所吸收利用，并在太平洋战争时期用作鼓吹对英美开战的理论工具。

便在国民政府统治之下，它也不过是一种表面上的禁止，现实中，鸦片仍在半公开地进行贩卖。而与日本占领区接壤的中共根据地，却彻彻底底地实现了禁制。由此，走私又开始活跃起来。若从纯经济的角度来看，此种政策是不甚妥当的。因为它似乎是在用自己的资金为敌方的战斗力提供保证。但是中国共产党绝不会为了眼前的利益而背弃自己的理想。他们即使知道此举对自身不利，仍然会坚持不采取任何措施。我还曾在战争时期和内蒙地区调查机关的一位研究者聊过这个问题。他当时作为"马克思主义者"对中共的战斗力展开了细致的调查。以致我对日本军部利用马克思主义一事倍感惊诧。然而，那位研究者的调查终究只是停留在数据层面而已。对于理论层面的观察与思考，他是没有半点兴趣的。

竹内的《中国人的抗战意识与日本人的道德意识》一文刊载于元山俊彦主编、国土社出版的杂志《知性》的1949年5月号。虽然这本杂志体量不大，且在刊发该文之后不久便告停刊，但对我而言，竹内的论文却是难以忘怀的。在战败后数年间不断涌现于众多杂志的大量优秀论文中，它显然占据着令人瞩目的重要地位。我记得自己是在这篇文章发表之后便第一时间拜读了。

　　林语堂这个名字不会让人感到陌生。1935 年，他出版的《吾国与吾民》（*My Country and My People*）一书曾在美国引起了巨大的反响，甚至在书店堆积如山、备受欢迎。我曾在留学美国之初 [1] 拜读过该书的英文版。其遣词造句较显温和，英语表达流畅，但相较于此前读过的鲁迅《阿 Q 正传》来说，并没有给人留下太过深刻的印象。因为在当时，鲁迅那种沉郁的文风更能吸引我。而《京华烟云》一书，我在美国也曾读过，当然也知道其日文版的问世。或许正是出于这一原因，当竹内从新的视角审视我曾走马观花般读过的书籍时，我内心是颇为震撼的。

　　据说为了撰写这篇论文，竹内曾集中阅读过林语堂的著作。他在《林语堂》（《鲁迅杂记》，1949 年）里面曾有如下记载："他的反动言论，纯粹来自他的'爱国心'，并非来自私欲或妥协。这点是能够触动人心的。自武汉政府（国民党左派）以来的历史已经证明，他在两条备选的道路中选定一条之后，便忠实地沿着这条道路不断地向前迈步了。"对竹内而言，"他虽然没有达到思想家的高度，但作为评论家却有着敏锐的感觉。他那捕捉舆论盲点的慧眼总是能给自己带来巨大的成功"。

---

[1]　鹤见的留美时间大致为 1937—1942 年。

林语堂曾在 1945 年的《枕戈待旦》(*The Vigil of a Nation*) 中写道："孔子和马克思正在中国进行论争，我更想把赌注压在孔子身上。"他之所以认为孔子能够胜出，系因在其看来，当时的共产主义忽视了民族的传统，即使能够取得成功，最终也会走向失败。(《林语堂》，《东北大学新闻》，1948 年 5 月）

1951 年河出书房刊出《现代中国论》时，竹内曾为《中国人的抗战意识与日本人的道德意识》写过追记，其中写道：

> 林语堂现在正从人们的记忆中逐渐淡去。但是我却感到，这似乎是日本人对华认知中的一个弱点。故渴望再次深挖。

竹内只是从同时代的一个小问题入手，却最终把问题引向了滚滚洪流。明明是日本人缺乏对华认知的一个小例，他却展开了深刻反思并借此折射出日本人所面对的现实。其中存在着一种对日本传统的委婉解读。以往有关日本的论述，往往会集中强调日本传统之美，抑或是否定日本的传统。竹内却与之相异，并没有完全摒弃日本传统中的负面遗产，而是让其存留了下来。

在侵华战争至太平洋战争的漫长岁月中，日本人始终坚信：服从国家（其实是当时的政府）即为一种"道德"。因而，从不会去思考敌对一方所持有的道德。

中国的国民理论之崇高，支撑起了抗日民族统一战线的基础。与此相反，日本在这一方面则几乎为零。虽然仅从理论层面分析战争是不对的，但也不能完全忽视理论。（中略）虽然人是由利益所驱使的，但也不是仅靠利益来驱使。

……

那场侵略战争造成了日本国民价值意识的混乱，亦如林语堂所言，带来了一种对道德毫无感知的病症。此乃不争之事实。但同时也可以说，正是国民道德意识的低下导致侵略成为可能，甚至时至今日，国民仍未对此有所觉察（例如，可参考张群访日后的印象记录）。若将反人道罪消解在反和平罪里，或许我们肩头的重担会减轻不少，但这绝不意味着问题得到了根本解决。我们必须深究反人道罪本身固有的意味，仔细地审视自己在镜子中反射出来的野蛮性，凭自身力量从根本上把握住洗心革面的契机。若不主动经历这场痛苦，我们的子孙将再无望立于世界市民之列。

林语堂的《京华烟云》，从 1900 年"义和团事件"写到抗日战争期间的 1939 年，可谓一部记录欧洲与日本侵华史的长篇小说。竹内所审视的日本现代，则肇始于日俄战争之后的 1905 年，截止于第二次世界大战之后盟军占领下的 1949 年。这大体上与林语堂作品中涉及的时期相互重叠。

面对历史上各种不同的时局，日本曾围绕现实问题采取了针对性的措施并取得了一定效果。而同一时期，中国人的课题设定却显得较为散漫且充斥着失败与错误，此后，便走向了包括林语堂和毛泽东在内的广泛团结，进入抗战时代。可见中国人是在较长的时段里把握现在，日本人则是在较短的时段里把握现在。但战前、战时、战后的日本政治家和知识分子却无法感知两国之间的龃龉。身处同一时代的竹内，却对此种龃龉感到焦躁、失落。苦涩，是其日本论的源头。

二　从长野县臼田町到东京

竹内好，于1910年10月2日出生在日本长野县的臼田町。直到现在，其兄弟竹内邻治郎仍旧生活在当地。根据邻治郎的回忆，竹内好约两岁时便从臼田町搬去了长冈，不久又到了东京，此后自小学时代便一直在东京生活。不过，在臼田町尚留有其先祖的墓地，所以竹内年少时仍会经常随父母回乡探亲扫墓。

日本战败以后，竹内好自中国被遣返回国。随后的两三年间还曾独自返回过臼田一次。据说只要回乡，他必定是要去爬稻荷山的，而且也非常享受在千曲川大堤一带的漫步。

稻荷山是一座小山。即便像我这样年近七十的人，花个五分钟时间也能登顶。从山顶俯瞰，几乎整个臼田町都能尽收眼底。山脚下则有千曲川流淌。正如竹内邻治郎所言，这条河虽然呈带状蜿蜒曲折，流经山脚的一段却是笔直的。曾居住于小诸古城并创作《千曲川风情》的岛崎藤村似乎对这道风景有着深刻的印象，至老年时又撰写了《力饼[1]》，里面如此写道：

> 臼田有个叫稻荷山公园的地方，从公园前面的一处小桥附近眺望千曲川是非常不错的。从那里到八岳山脉的山脚下，有南佐久的山谷横亘在眼前。千曲川从这片山谷间流淌而过，住在岸边的人们，其风俗和方言似乎和下游地区是完全不同的。

山顶有个水塔，当地还为规划建设此塔的人立了一座铜像。从稻荷山的山顶俯瞰，能望见群山环绕的佐久平原以及平原中的城镇。下方的千曲川并不算深，附近有人站立水中，似乎在钓香鱼。山麓一座巨大的仓库是用来储藏蚕茧的，至今仍在使用。距离千曲川岸边不远的地方还有一个拥有数千张病床的大医院，那是直到现在仍能代表臼田的佐久医院。该院院长若月俊一，在战争时期从牢狱生活中解脱出来后，因无法继续留在东大医局，便来到此地工作，即使到了战后仍坚持为农民们看病开药。如今，臼田町已是在亚洲地区受到普遍关注的农村医学中心，曾有一场关于农村医学

---

[1] 力饼是日本的一种传统点心，通常用糯米制成。

的国际会议在佐久医院召开。此种城镇与世界的直接沟通，和日本人内心那种"村—町—市—国—世界"逐级递增的观念是有所不同的。在稻荷山眺望时不难发现，拥有大医院的臼田町明明可以和周边各町联合成市，却并没有选择这样做。此举能让我们感知到该町所表达的某种意志。

山顶上矗立了一座忠魂碑，山腰则设有祭祀稻荷神[1]的神社。其建筑外观显得古老陈旧，还有一些陶瓷制的小狐狸摆在神殿面前，似乎是人们祭祀时特意带来并安放于此的。

我在徒步下山向町公所进发的途中，偶遇了一位打着阳伞的中年妇女，便向其问路。

说一起走走，边走边聊，到了竹内亲戚家经营的澡堂"竹之汤"，结果得知这家店前不久刚刚停业，让人颇感遗憾。那位妇女说自己非常喜欢大型浴池，这下不得不去其他澡堂了，因为路途太远，感觉很不方便。总之我由此得知："竹之汤"时至今日仍被城镇的人们牢牢记在心底。

和那位妇女分别后，我便按她指的路继续前行。隔着屋檐能远远望见一个黑色烟囱，似乎是"竹之汤"留下的遗址，但终究没能过去看看。不久来到了臼田町的中心地段，见到一家竹内洋贸店，就进去瞧了瞧。这家店应是竹内本家

---

[1] 原本是象征稻子的农业之神，现在也包括工商业，成为日本全产业之神。

的直系亲属开的。恰好店主也在，我便上前攀谈了起来。店主比竹内好年长，也曾和他有过来往，他随后还带着我去拜访了竹内邻治郎的家。据说竹内邻治郎平时居住在取手市 [1]，当时正好返乡回到了臼田町。他比竹内好大三岁，清楚地记得其父母弟妹的事情。

据说此处的水质之所以很好，系因稻荷山的水塔把山间流下而未能冒出地表的水抽取上来并输送到了町里。竹内邻治郎当时欣然出门，领着我去了墓地。从竹内家走到那里大约花了两分钟的时间。他一边指着墓地，一边向我介绍了竹内家的情况。

竹内家原本是神社的神官 [2]，因此在其先祖包括其父母的墓前，立有带屋顶的神道风格的墓石。在那旁边，则是（从右往左）刻着"竹内起代路、竹内武一、竹内千代子"三人名字的墓碑，下面有一个高大的双层台座。据说那是竹内好的生母于 1924 年去世之后，由其丈夫竹内武一所建。他那个时候已经再婚了，因此又在"武一"的右侧补刻了新妻"千代子"的名字。从此点来推测，这座墓石或许应是其前妻逝世后数年才设立的。

---

[1] 位于日本茨城县南部。

[2] 神官即日本神社中的神职人员。

竹内好的父亲武一，辞官之后成了一个生意人。虽然几经沉浮，但修建此墓时应是其人生最得意之际。竹内邻治郎当时曾数次前往竹内好位于东京的家中拜访，据称那里内设庭院，面积不小。

而在此前不久的竹内好的成长阶段，其家中似乎是较为贫穷的。这种情况和他记忆中幼年时代的贫困状态能够形成呼应。

由于父亲生意的失败，在小学时代，我们家是一贫如洗的。有时买不起大米就只能吃面疙瘩汤；有时做不出便当就只好请假不去上学。但贫穷本身并没有让我感觉那么痛苦。抑或说，可能没让我印象那么深刻。我现在还存留的记忆之中，孩童时代的我终究是战胜了贫困。不过我内心仍有着一种惧怕之情，担心别人认为我家贫穷，或是议论我家贫穷。这种感觉让人难受。

比如，我在孩童时代一直想吃糟腌酱菜和煎鸡蛋，那都是我的最爱。但我心里也明白，按如今的家境，这些都非常奢侈，所以也没有在家里胡闹强求。只是憧憬着终有一天能够吃上糟腌酱菜和煎鸡蛋，也可以在头脑中想象出那股滋味来。这和精神上的充实是两码事。因此，我也没有一个劲地缠磨家里帮忙购买杂志。不过如果是便当盒的话，情况就不一样了。那时在班级里，有一半的人使用流行的锡制饭盒，另一半则是以往的搪瓷饭盒。我属于后者。在成绩较好的孩子里，使用搪瓷饭盒的只有我一人。所以每到午饭时间，我就会感觉浑身不自在。有钱人家和贫穷人家一目了然。在这种情况下，便当盒对我而言便有了精神上的价值。母亲当时总挂在嘴边的就是那句"因为没钱呀"。对此我是有些不满的。因为她没有发现这不是物质上的问题，而是精神上的痛苦。（《难以忘怀的教师》，国分一太郎、中野重治编：《难以忘怀的教师》，明治图书出版，1957 年初版）

如今这片墓地，右侧是姓氏为"竹内"的墓群，共有50 多座，其中一列便是竹内好的先祖们。而左侧，则是姓氏为"井出"的墓群。竹内家与井出家，合在一起占据了庞大的面积。据说以前面积更大，但此后右侧有一些土地被卖掉了。尽管如此，在占据庞大面积的墓地里，竹内武一夫妇之墓仍拥有如此宽敞的空间，让人难以想象他们一度曾是贫困的。可以认为，所谓的贫困应发生在竹内好的父亲辞官，领着全家老小开始在东京生活之初，这才导致少年时代的竹内好和东京的小学生共同学习时萌生了屈辱感。而当他和父母一道返回母亲故乡臼田町扫墓，暂时远离东京的贫困状态时，内心势必会放松、畅快不少。让我们通过竹内自己的文章，来看看他心中的臼田町。

> 我父亲原姓伊藤，来自南安云。母亲姓竹内，来自臼田。继承竹内姓氏的只有作为长男的我一人，弟弟继承了伊藤姓。所以这也使我和臼田有了更深的联系。在尚未开通公交车的年代，去臼田通常要在小诸换乘信越线，然后经小海线在臼田站，即过去的三反田站下车，再沿着千曲川岸边徒步前行。那里架设的木质吊桥便是臼田桥的前身。站在桥上能够欣赏脚下的激流，天气晴朗时也能够远远地眺望下游的浅间山全貌。对我而言，此番景象正是返乡时的一大乐趣。如今河边有了护堤，也建起了佐久医院的高楼，让人生出河流变窄的感觉。但在当时没有任何障碍物，眼前风景更显荒凉。桥上车马往来也是极少的。虽然能眺望到浅间全貌的时候非常少，且通常会被云雾环绕，但这也是顶好的。不为人知的天下绝景，真是让人流连忘返。我当时甚至能站在这里把《千曲川旅情之歌》的全文咏诵出来。(《忆佐久》，《佐久教育》第 10 号，1975 年 3 月 10 日)

山下九市的《九念庄随笔》(栎出版，1990 年) 里有一

幅《明治四十四年前后至大正二年前后的臼田街道图》。据
说沿着街道从稻荷山下的大鸟居[1]出发朝另一个鸟居前行，
就能看到左侧排列着马宿、宜善堂支店、上州屋料亭、富屋
料亭[2]。而富屋料亭正是竹内的出生之地。

在其对面还有料亭二叶、钟表店、富屋旅馆、万丰荞麦
店、太田楼饭店。仅从地图来看，臼田街道上的"料亭"就
有25家之多，这里面还不包括其他的餐馆和旅店。根据山
下九市所言，丰川稻荷附近的稻荷町大街"在全盛时，曾有
艺伎和女佣等80人、以餐馆为名的艺伎住所20余处，即使
夜幕降临也依旧热闹非凡，三味线和太鼓的演奏声能够一直
持续到深夜"。

此地的井出家，在明治年代以前便和政治有着密切的关
系。作家井出孙六是其后人，他曾对竹内好出生以前的臼田
町历史做过这样一番概述：

> 根据《臼田町情况要览1974》的说法，臼田村改
> 为施行"町制"系肇始于明治二十六年（1893年）。在
> 甲午战争以前，日本正处于养蚕制丝产业走向飞跃性发

---

[1] 鸟居是日本神社里类似牌坊的建筑，通常用来象征神域的入口。
[2] 料亭指日式的酒家或饭馆。

展的时期。南佐久地区亦概莫能外，变成町之后的臼田作为蚕茧的集散地，也必定呈现出热闹兴盛的景况。当时虽然设立了郡役所、警察署，却尚不存在税务署，所以其税收主要是由北佐久郡的岩村田税务署来负责管理的。竹内先生的父亲竹内武一，正是被岩村田税务署派遣到这一蚕茧集散地来工作的。每当蚕茧出货贩卖时，钱财、钞票就会流入臼田町，使町内呈现兴盛繁荣的景象。

竹内出生的地方是一幢三层楼的房子，当时打着"富屋"的招牌，既是料亭又是旅店。据说有一段时期还卖过酒。还有传言称，税务署派来的（竹内）武一是在富屋寄宿时被纳为养子的，抑或是和富屋唯一的大小姐有过一段热恋。（井出孙六：《〈竹内好和臼田町〉的备忘录》，《思想的科学》1978 年 5 月号）

竹内好于 1923 年 3 月从东京千代田区（当时为麴町区）富士见小学毕业。同年 4 月，进入东京府立第一中学就读。这所中学当时在东京排名第一。抑或对很多人来说，在日本也排名第一。在小学教师看来，如果自己培养的学生能够考上这所学校，将是一份莫大的荣耀。当年竹内好所在的小学共有三人考上该校。考试期间，其班主任还曾亲临考场：

入学考试的第一天，我便穿上了新的久留米和服上衣与小仓裤裙，在父亲的陪伴下前往位于日比谷的第一中学。由于平时总是穿着修修补补的衣服，所以第一次穿上新衣服，我感到特别高兴，反倒没有太多考试之前的不安。那件让我心心念念的衣服，是母亲为了赶上我考试当天而彻夜赶制的。那藏青色染料的香气实在让人神清气爽。我们家的贫穷状态终于逐渐得到了改善。

考试结束后去了体育馆的候考室，父亲正在和旁边一位身穿便装的中年男人站着聊天。那就是元木老师。因为此前见惯了他一身西装的样子，这次他穿着和服出现让我觉得罕见。不仅如此，由于他没有穿日式裤裙，整套装束和现场环境显得有些格格不入。我当时没想到老师也会一起过来，更没想到他会穿着一套便装出现，如同外出散步的大叔，难免觉得他这副模样也真是太过随意了。直到事后我才意识到，他是对学生成绩非常关注才专程来到考场的，带着旧时代老师的那份腼腆。

记得第一天的考试科目是算术和理科。我向老师逐一报告了自己所写的答案。当时他只是"嗯嗯"地点着头，什么也没有说。这反倒让我对老师产生了一股信赖之情。他发自内心深处传递给我的，确是一种大鸟守护幼鸟的慈爱之心。到第二天，老师的身影便不再出现在

考场了。(《难以忘怀的教师》)

为明天考试的大儿子彻夜赶制和服的母亲，在两年后的1924年11月6日去世。那时，竹内十四岁。

据竹内邻治郎回忆，竹内好的母亲竹内起代路是一个做事聪明周到的人。而竹内好在这一点上和她是很像的。

少年时代这种"终于迎来迟到之春"的充实感，终究是伴随着母亲的离世而结束了。对于不再返乡居住的竹内好来说，身处臼田町风景之中的那种亲切感，正是一种对母亲的思念。

三　善无可报

竹内在富士见小学是一名优等生。四年级的班主任野田老师，三年级和五、六年级的班主任元木老师都曾对其关爱有加。尤其是四年级时，竹内主动找到野田老师，请求其帮忙修改文章，并在学年结束后制作的作文集合订本上，得到了老师的题字。

　　老师在上面的题字是"回忆的种子"。竹内曾珍藏过一段时间，但到了初中四年级，却旷课去了井之头公园的树林里，把所有书信和文稿都付之一炬。其中，也包括这本"回忆的种子"。

　　特别是谈及小学四年级所作的和歌（这首曾入选最高分作品）时，竹内曾这样写道：

　　　　我根据自己经验所归纳出来的定律是，学生总会去迎合教师。（《难以忘怀的教师》）

可以说，其青年时代的虚无主义特征在此时已经有了萌芽。

作为优等生的那几年里，臼田町并没有在竹内的内心深处占据较高地位。他对臼田风景的发掘是很久以后的事情。

竹内在东京读小学的时候，对其吸引力最大的，应是日俄战争之后日本不断发展壮大的趋势和氛围。

日俄战争（1904—1905），是当时日本国民抱着巨大决心和强国俄罗斯帝国开战的国家大事。日本政府首脑最初认为战争的长期持久化将意味着自身的最终战败，为了避免战败而制定过一项结束战争的较显稳妥的计划。不过随着战争局势的发展，日本国民想要谋求胜利的幻想开始高涨了起来。结果在1905年美国总统罗斯福的调停之下，日俄两国经过一个月的谈判，于9月5日在美国新罕布什尔州的朴茨茅斯签署了和约。共同约定从中国东北撤军，但俄国必须把辽东半岛租借地、长春以南的铁路以及库页岛的南半部交给日本。同时也必须承认日本在朝鲜获得的权益。当时日本很多国民认为没有从俄国取得赔款就是外交的失败，因而于条约缔结之日即9月5日当天，在日比谷公园召开了反对和谈的国民大会。继而前往政府管理的报社以及派出所等处施暴、烧砸。这股抗议的风潮此后向日本全国扩散，9月7日、12日，神户和横滨也出现了类似的事件。

一场日俄战争，把甲午战争后十年间日本国民"卧薪尝胆"积蓄的力量消耗殆尽。而战争本身亦造成了 11.8 万人的死伤，另有 91 艘船舶的损失，15.2321 亿日元的军费开支。日本国民当时强调"应该铭记此种牺牲"，却遭到了政府的背叛。而日本打赢俄国的幻想也在日比谷事件之后依然持续。

甲午战争胜利后，日本国民对中国人的优越感便不断膨胀。此次取得了日俄战争的胜利，再加上政府和军部的宣传，国民们又开始相信：日本业已获得与欧洲列强对等的地位。

1910 年 7 月 4 日，日俄两国进一步签署了《日俄协约》，共同密谋分割了在中国东北的势力范围。

至 8 月 22 日，日本完全吞并了朝鲜。[1] 而竹内好，正出生于该年的 10 月 2 日。因此可以说，他自幼成长的社会环境里原本就充斥着一股由甲午战争、日俄战争所营造出来的，对亚洲的优越意识。

作为小学优等生的竹内，进入中学后的最初一段时间里仍是优等生。但没过多久，其成绩是否优秀便开始令人存

---

[1] 当时的朝鲜名为"大韩帝国"，在与日本签订了《关于合并韩国的日韩条约》后被日本吞并。

疑。在小学阶段，竹内不喜欢和别人打交道，所以曾立志成为一名自然科学者。当时数学成绩也确实不错。他日后选择日本国内唯一一所不把数学列入招生考试科目的大阪高中，这在小学阶段是无法想象的。

> 基于自身经历，我当时已经认识到修身课上教导的"善有善报"是虚伪的。因此，"善的根据究竟在哪里"对我而言就成了一个谜。我意识到自己几乎已经陷入了困境，也同时意识到自己并不具备突破困境的能力，于是便产生了忧郁之情。（《无名作家们的恩赐》，《日本读书新闻》1953年6月1日号）

我那时读了山本有三在《人类》杂志上刊载的戏剧作品《生命之冠》。从中得到过一些启示，即，他始终无法解决的问题，实际上，正是一个贯穿人生始终的问题。

《生命之冠》的作者山本有三（1887—1974），从高等小学毕业之后被派到吴服店工作，其间又逃了回去，此后虽比别人晚几年进入中学，但也最终从一高 [1]、东京帝国大学 [2]

---

[1] 一高的全称即第一高等学校，又称旧制一高。创建于1886年，是现在东京大学教养学部及千叶大学医学部、药学部的前身。

[2] 即现在的东京大学，创建于1877年，二战后删除了"帝国"二字。

德语系毕业，且自学生时代开始发表戏剧作品。1919 年 11
月，他将《生命之冠》的三幕全部写完之后，翌年便在《人
类》（1920 年 1 月号）上发表。竹内当时阅读的应该就是这
本杂志。

这部作品讲述了日俄战争后，一户人家在日本占据的库
页岛南部地区经营罐头工场的故事。工场主名叫有村慎太
郎，因当时从英国的商社接到了大量采购高级螃蟹罐头的订
单，招致朋友们的眼红嫉妒，并遭到银行和船主的刁难以及
哄抬螃蟹价格的影响，最终走向破产。他为了遵守约定，咬
牙以高价买下螃蟹并坚持完成与英方的交易，最终丢了房
产，落入窘境。

还有个年轻男人是银行的爪牙，他把一个疯癫女人弄得
怀了孕。于是工场主和那女人的父亲商量，帮忙承担了孩子
的抚养义务。据说那女人（小鹤）一被渔夫们耻笑，就会一
边大喊"呀！你看你们做不到吧，你们不敢吃金龟子吧！"
一边把手里的金龟子放在嘴里不住地嚼。

而和工场主一家有亲交的医生匹田正，当时如悄悄话般
的喃喃自语可谓给此剧定下了基调：

匹田医生　做善事不应该是为了得到善报，不做恶事也
不应该是因为怕遭恶报。

利益与善恶，实际上并非完全对应一致。可以说正是这个信念，给中学时代的竹内好带来了内心的平静。

为何一定要行善，其根据何在？至少，其不像成年人通常所说的那样，若行善则可得到褒奖并出人头地，从而过上幸福的生活。一旦有了此种认知，他便感到爽快释然了。

竹内好从孩童时代就喜欢把最美味的点心留到最后再吃，因而他内心想读的、决心非读不可的书籍，也通常会留到日后再读。他首先逐一翻阅的通常是那些无关紧要的书籍。同时还会阅读大量小说，刻意跳过那些公认的名著而去做广泛的阅读："不管无名作家的无名作品怎样沉入忘却的深渊，我终究有一天要向那些无名作家给我精神所施与的恩赐表示感谢。"（《无名作家们的恩赐》）这种感受方式，也支撑了日后竹内好的"国民文学论"。他的文学观，是不会把各种名著和其他作品分割开来加以把握的，在国民文学的问题上亦是如此。随后，竹内还关注到了芥川龙之介的作品。在其小说之中，竹内特别喜欢展现讽刺精神的《河童》，随笔与书信则着迷于《西方人》与"芭蕉论"等。他甚至曾打算把芥川读过的书全都读一遍，也读了安布罗斯·比尔斯和罗曼·罗兰的作品。他曾是一中学生里的秀才，此后不久却转变成了所谓的"落魄秀才"。即不再迎合教师而以自己的力量去探索自己，但是厌倦探索的时期也持续了很久。

到了参加高中入学考试的时候，尽管当时从东京府立一中升学到一高才是秀才们的固定选项，竹内却因为反感那些志愿考入一高的秀才们，决意备考带有自由色彩的三高 [1]。这一选择同时也有摆脱继母的考虑。他当时想去的不是东京而是关西地区。但由于缺乏考取三高的自信，最终选择了大阪高中的文甲（英语）。

　　那是一次巨大的失败。为了参加考试，我第一次独自外游前往大阪。它那羊羹形状如工厂般的校舍现在虽然已经没有了，但我当时一看到，就感觉失望透顶。甚至在想：这算得上高中吗？这种与青春的浪漫梦想完全相异的环境，实在是大煞风景。我当时想着，这下可糟了，但一切都已经来不及了。这次倒是没被老鸨婆子逮到（竹内初中五年级去京都奈良修学旅行时，曾独自一人晚上外出，在鸭川东侧散步，冷不防被一个老鸨婆子挽住，吓了一跳——引注），在中座观看中村雁治郎的演出，借以暂时消除郁闷后便返回了东京。结果不知是

---

[1] 三高的全称是第三高等学校，又称旧制三高。创建于 1886 年，是现在京都大学综合人类学部、冈山大学医学部的前身。

幸运还是不幸，这次真的考上了。

后悔之情伴随了我三年时光。事后回想起来，其实大阪也有大阪的好，也不能说它给我的人格成长造成的全是负面影响。但总之，我那时确实是满腔屈辱之感。大阪这座城市或许直到今天仍对高中生们没有吸引力，其不受欢迎的程度应是全国第一吧。假日到了却没有钱，就只能去心斋桥丸善楼上的茶馆，一个人呆呆地坐在那里打发时间。贫困书生们的小憩之地只有这里而已。(《京都之绿》，《东京与京都》1961年10月号)

而在同一篇文章里提到京都时，竹内则做了"若无嫉妒之情则无法思考京都"的评价。在京都的四条河原町有一个名叫"知更鸟"的茶馆，据说是当时文学青年们的憧憬之地。1928年至1930年，竹内曾特地从大阪赶去那里生活。但现实中，他在当地仍无法摆脱作为异乡人的孤独感。如果那时去三高读书的话，他或许就能继续升入京都大学，进而还可以结交另一批朋友，并迎来命运的改变。但最终，竹内返回了东京并考入了东京帝国大学。1931年是九一八事变爆发之年。那时竹内还没有攻读中国文学的想法，只是觉得"容易"便选择了中国文学系。

在他大阪高中的毕业相册里，他署名为"M.NIHIL"。这里的 M，是其初恋女友名字的首字母。

　　在毕业联谊会上，竹内好的心情看上去非常不错，
甚至在每一个人的脸颊上都吻了一下。他这种奇怪的行
为，在其他场合是从未有过的。（后藤孝夫：《好友竹
内》，《竹内好全集》第 13 卷月刊，筑摩书房，1981 年
9 月）

　　不过，竹内似乎也把高中当作第二故乡。到了战后，他
总是会参加两年一度的同学聚会。而且由于听惯了划艇部的
歌曲，几乎从不唱歌的他还曾在入院之际专门演唱过一次。
（田中克己：《竹内好和我》，"谈竹内好先生"策划编集组
编：《竹内好回想文集：然而，人心比宇宙宽广》，大宫信一
郎发行，1978 年）

划艇部部歌

误入落花雪，交野春赏樱，
老歌人悄然，攀上春流处。

巨椋池秋月，立渚而思时，

愁旅之青年，眼有忧愁泪。

淀流若逝去，浪沫消又生，
望无常之姿，而向海原去。

潮卷波涛跃，夕照淡红海，
若向苍穹啸，振动白衣袖。

松绿而沙白，淡路岛之岸，
橘薰森林处，梦多之少女。

须磨关屋船，传来千鸟鸣，
与友交美酒，以慰旅之疲。

在大阪高中，他并不是没有朋友的。根据前述后藤孝夫的回忆，竹内好去世一年后的 1978 年 1 月 14 日，大阪高中的七名同窗曾从岩手县、兵库县等地专程来到东京的学士会馆，聚在一室之内追思往事。当时在场的，还包括日本浪漫派核心人物保田与重郎、诗人田中克己、岩手县江刈村村长中野清见等曾和竹内有过交往的朋友。竹内在文章中提到过中野清见：

论风采，我比不上他。但坦白说，在才能方面，他完全比不上我。如今这么说有些对不住中野，我自己也很难为情，但事实确实如此。（中野清见：《某个日本人》后记，1958 年 2 月）

竹内和中野清见是同一年考上大阪高中，同一年毕业的。读书的三年间，他们的课桌并排在教室的最前列。换言之，两人的成绩不相上下，都处在班上的末流。不过即便成绩排名差不多，竹内仍认为中野的才能不如自己，他当时的自信真是令人惊讶。

两人入学的那年，如前所述，日本旧制高中的入学考试方式尚未全国统一。大阪高中的文科入学考试里并不包括数学科目。因此，全日本不喜欢数学的学生便蜂拥而至，几乎都跑到这里来赶考了，其录取倍率陡增 13 倍，排名全国第一。中野清见当时是从日本东北地区来的柔道选手，因此竹内把他看作粗人而不愿接近，整三年时间从未跟他有过亲切深入的交流。

还过着学生宿舍生活的时候，有一天早上我在宿舍的厕所里蹲着，上课钟声响起，屋子里已经没了人影。我那时已经有了旷课的习惯，甚至感觉这成了自己的一种特权。因此早晨上厕所时总有种孤独的满足感。

此时突然响起毫无顾忌的讲话声，以及肆无忌惮的走路声音。我隔壁两间厕所被新来的人占领了。那两人不停地聊着天，我这边听得一清二楚。其中一个是东北地区来的粗人，另一个是其好友，也是关东的粗人。他们的话题一变，开始讨论大便和小便是不是应该一起拉。真是荒唐可笑，而我在那种情况下也不可能加入他们。结果，东北那个粗人突然意识到附近有人，便吼出一句："谁在那？报上名来！"我屏住呼吸，一言不发。他又喊着："报上名来！"然后就是开门的声音。我做好自己这间厕所门被推开的准备，仍旧屏息沉默。但过了一会儿，脚步声就逐渐远去了。

中野当然不记得这种小事了，也不可能记得。但这对我而言却别有意味。因为它和中野给我的压迫感有关。即使在深谋远虑这一点上我对他的行为有些不满，但另一方面，在果敢坚决上，我曾多次感到自己远不及他。《创建新村》一书出版时（中野的著作——引注），我再次产生了这种感觉。虽然中野也有创作感性诗歌的少女情怀，但他那"男人"的一面却给我带来了压迫感，这便是其本领所在。（《中野清见那些事》，臼井吉见编：《现代教养全集》第6卷月报，1959年2月20日）

　　这段青年时代的逸话说明中野是一个豁达开朗、能和身边朋友打成一片的人，而竹内则有着细致、孤独的性格。

　　那段时期竹内心中有一股虚无主义。他刚考上大阪高中时，每当去大阪市区，都会在天牛旧书店接二连三地购买康斯坦丝·加尼特翻译的屠格涅夫小说。他内心似乎栖居着长篇小说《父与子》的主人公——虚无主义者巴扎罗夫的影子，甚至在其战后创作的《架空苏维埃旅行记》中还曾塑造过一个名为巴扎罗夫的鞑靼族俄国人。正如《父与子》的巴扎罗夫不承认既有道德的价值，竹内对满口道德的人是感到厌恶的。虽然他喜欢读尼采和施蒂纳，但当时在俄国文学方面对托尔斯泰却敬而远之。

　　　　如今，我若是被别人称呼为托尔斯泰派（Tolstoyan），将会感到非常荣幸。但在那个时候，我实在难以忍受他那种道德家般的伪装。恐怕我最感厌恶的就属托尔斯泰和孔子了。

　　由于不喜欢孔子，他自然也不会喜欢当时日本的汉学家，而学校里的汉文课也成了他最反感的课程之一。就是这样的竹内，最终却选择了东京帝国大学的中国文学系。这或许只能说明，他当时对大学是完全没抱什么期待的。

四

身处邻邦

关于日中两国人的区别，中方认为日方观点是错误的。

1915 年（即日本的大正四年），日本政府向中国提出了
"二十一条"要求。当时日本取得了甲午、日俄两场战争的
胜利，日益骄横了起来，所以将此事看作理所当然。但是对
中国而言却并非如此。此后数年间，中国一直感觉受到了伤
害，最初在学生之间，此后不久又在民众广泛的支持之下发
起了排日运动。

首先来看看"二十一条"要求的相关情况：

1914 年第一次世界大战爆发之后，欧洲列强将其力量
集中到了欧洲战场。驻北京的日本公使日置益将此事视作一
次良机，于是向东京的大隈重信内阁外务大臣加藤高明发出
了提议："此乃解决对华交涉案件之绝好机会。"后者接受了
此项建议，遂于 1915 年 1 月 18 日以日本政府的名义向中方
递交了"二十一条"要求。

日俄战争结束后签订的《朴茨茅斯条约》规定，包括旅顺、大连在内的"关东州"租借地应于1923年（大正十二年）结束租借并归还中国。而南满洲铁路，只要中方提出了回购的要求，那么日方有义务对其响应并接受，在1923年归还其中的安奉铁路[1]，在1939年（昭和十四年）归还其他铁路给中国。

然而归还日期明明已经日趋临近，日本政府却试图保住其在华权益。即在"二十一条"中列出了"将归还期限延长至九十九年"的条款。与此同时还提出了如下各项要求：日本人有居住和营业的自由，有土地的租赁权和所有权，中方若要向外国借款或聘用外国顾问，必须得到日本政府的批准，等等。以上诸项要求，总计"二十一条"。

当时的中国，清政府已经倒台，袁世凯就任了大总统。他屈服于日本的压力，最终接受了"二十一条"。而日方发出最后通牒要求其屈服的5月7日，此后被中方定为"国耻纪念日"。

据称，日本公使日置益在递交"二十一条"要求时，曾对袁世凯说："若带着诚意进行谈判交涉，则日本将助贵大总统继续高升。"这实际上就是在当面暗示：日本政府有支

---

[1] 即"安东（今丹东）—奉天（今沈阳）"的铁路。

持其当"皇帝"的可能性。尽管日方一再强调中方应该就此事对外保密，不可将"二十一条"的谈判公之于众，但此后袁世凯却故意将其泄露给了外部。（陈舜臣：《中国的历史》第14卷，平凡社，1983年）

不久，袁世凯便于1915年12月12日正式登基称帝了。

但称帝仅仅80余天，此举就引发了中国各地大规模的反对运动，袁氏最终宣布退位。而1917年张勋发动的清朝复辟运动，亦以失败而告终。在袁氏死去之后，中国的政权落到了当时和日本有密切关系的段祺瑞（国务总理）手中。

1919年5月4日，北京的学生们带头发起了"五四运动"，向当时中国政府提出拒绝日本"二十一条"的要求。

他们最初计划于"国耻纪念日"5月7日发起游行，但在准备期间，5月3日的学生会议上众人情绪激愤，结果于次日提前展开行动了。即5月4日下午1点，3000名学生聚集在北京的天安门前，向各国公使馆派出代表，并呼吁处罚那些卖国分子。游行中有30人遭到逮捕。但这场运动却迅速向各地扩大，并未局限在北京一地。此后仍在天津、广州、上海、成都等地长时间地持续着。受此影响，中国政府最终解除了直接参与对日谈判者的职务，参与巴黎和会的中方全权委员不等政府的训令，就拒绝了在条约上签字。

在陈舜臣看来，五四运动和推翻清朝的运动、反对袁世凯的运动有着本质性不同，是一场人民的运动："在那以前的革命和运动，大多有着接受外国援助的一面。甚至有不少为获得援助而展开竞争的场面。然而，五四运动却没有任何向外国妥协的成分。这场爱国运动没有依靠外力，也没有再抱幻想。"（同上）

1905 年日本民众抗议《朴茨茅斯条约》的日比谷事件也是一场不依靠外国力量的民众运动，它在此后带来了所谓"大正德谟克拉西运动"[1] 的风潮。然而在这股风潮之中成立的大隈重信内阁，却向中国递交了"二十一条"要求，并成了中国五四运动批判的对象。如此一来，可以说中国和日本的两场民众运动发展成了全然不同的类型，并就此走向昭和时代 [2]。而"二十一条"要求，则在此后不久的华盛顿会议（1921—1922）上遭到了否决。当然，日方舆论依然坚持认为日本的在华权益是"正当的"，支持了政府此后的对华政策。于是以 1931 年（昭和六年）9 月 18 日的九一八事变为开端，爆发了所谓的"十五年战争"[3]。

---

[1] 日文原文为"デモクラシー"（Democracy），此处译作"德谟克拉西"而不直接取"民主"，以呈现当时日本在天皇制这一君主制度下禁止使用"民主"一词的社会氛围。

[2] 日本的昭和时代指 1926—1989 年，以 1945 年第二次世界大战结束为界分成前后两期。

[3] 指 1931 年九一八事变爆发至 1945 年日本战败投降的 15 年时间。

在这一时代，竹内完成了小学、初中、高中的学业，升入大学。他当时并没有遵循国策成为"优等生"，但也没有去寻找自己立足的根据，只是作为 M.NIHIL 在度日。

到了小学四年级前后，我的人生智慧开始迅速地丰富了起来，产生出了一种自我意识，并开始非常强烈地希望得到外界好评。尤其比别人更加追求虚荣。这往好的方面说，是一种不服输的思想。而当时充分满足了我这幼小自尊心的，我最先想到的人，或许就是野田老师了。

在迄今为止的人生中，始终支撑并激励着我的最大动因便是内心的自卑之感。我想用精神上的价值来补偿自己对容貌的自卑。同时也是出于对自己才能上的自卑，最终选择了文学。（《难以忘怀的教师》）

当时日本的年轻人普遍有一种倾向，即在不明白自己为何而活的情况下活着。我们从一高学生藤村操的遗书里也能够明确看出这一点。竹内好同样是在其《岩头之感》[1] 所造就的青年知识分子潮流中成长起来的一员。在将自身与外部彻底分割的状态之下，他大量地阅读书籍。虽然竹内在高中

---

[1]　藤村操于 1903 年自杀，《岩头之感》系其自杀前留下的遗书。

阅读西田几多郎《善的研究》时觉得索然无味，但其潜藏的影响却最终在他思考鲁迅的问题时展现了出来。竹内还曾为了寻找能够指明方向的推导方法而阅读岩波讲座系列的《哲学》一书，但效果并不好，反倒是埃德加·爱伦·坡的作品让他有了真正的体悟。他在初中时便已读过其推理小说《莫格街谋杀案》，并在"我的文学之泉"这一问卷调查中提及，其答案是：一、山本有三《生命之冠》；二、爱伦·坡《莫格街谋杀案》；三、芭蕉；四、鲁迅。（《群像》1951 年 4 月号）而在文学以外，还有高畠素之翻译的马克思著作《资本论》。

> 我下定决心非读此书不可。且通过阅读极为难得地感到自己实现了一场变革。那应该是大学三年级的时候。读的是高畠的译本。每天读上几页，读了一个夏天。此前我也曾读过一些马克思主义的书籍，并未形成深入了解，但通过阅读《资本论》，一切都豁然开朗了。对于逻辑规律的复杂，我一向感到恐惧，也明白教程之类的究竟能有多拙劣。而对老调重弹、文本解说、文摘要约等失去兴趣也是因《资本论》而起。（《无名作家们的恩赐》）

他还曾读过岩波的《日本资本主义发展史讲座》，但充其量只是通读浏览了一遍而已。根据竹内的回忆，他之所以对《日本资本主义发展史讲座》表现得冷淡，系因当时的兴趣并不在于对具体革命路线的探求摸索，同时他本身也无法接受历史决定论。在他看来，此书"和《资本论》相比，逻辑框架过于微观、单薄"，而《资本论》则"时至今日仍有一部分存在于我的血肉之中，相较经济结构本身而言，将其加以分解并实现重构的逻辑构造是更具有意义的，在表达上的推导也更加有趣，这和爱伦·坡是相通的。第 1 卷和第 2 卷，尤其第 1 卷最是如此。"（《过去的讲座》，岩波讲座《哲学》第 3 卷月报，1968 年 2 月 22 日）

能够认识到马克思《资本论》中的推导方法并不是针对现状的决定论，说明其眼光是尖锐而准确的。

不过，即便对马克思的推导方法产生了共鸣，竹内当时仍是一个基于自身好恶考虑问题的虚无青年，对一切抱有怀疑态度。但在那时，他当然不会认为一切理论对自己而言都是毫无意义的。若理论关涉总体方向，那么竹内至少会去努力借鉴其方法。与此同时，他本来也倾向于存疑。他用笔名"小早川素夫"在大阪高中《校友会杂志》11 号（1931 年 3 月）发表的《男人们》这篇短文，就对一位冒险收留共产主义运动者（当时被日本政府定为"非法"）的青年展开了内心活动的描写。这显然能够表现出竹内身上那种"共鸣的方向"与"质疑的本质"并存的情况。

五

在北京

竹内好于 1931 年（昭和六年）4 月进入东京帝国大学文学部中国哲学、中国文学系学习。但他当时纯粹是为了回到家庭所在的东京而进入该大学的，并没有潜心研究中国文学的打算。

　　成为大学生的第二年，即 1932 年（昭和七年）8 月至 10 月间，竹内前往"满洲"[1]和中国旅行。其中，"满洲"旅行的部分系由外务省提供补助金，此后的行程则完全自费。

　　　　那对我来说是一件非常大的事情。1932 年的夏天。如果没有这件事，我恐怕是不会做中国文学的。原本进入大学（中国文学系——引注）就是因为觉得不会有考试，能过得非常轻松，拿到学籍之后就没了学习的兴

---

[1] 指日本军国主义侵占我国东北后扶植的伪满洲国。

趣。我没有汉文修养，感觉这对自己非常不利。当时我的好友包括武田泰淳和冈崎俊夫。他们都是寺庙出身，所以具备一些汉文学方面的素养。寺庙出身就相当于先天的家庭教育，要读经书，而日本的经书都是汉译本，于是自然就学习了汉文。他们在家庭环境影响之下显得更加自如，本身读过相当多的东西。而我，就完全不行了。（《我的回想：向中国进发（再次）》，《第三文明》1975 年 10 月号）

根据久米旺生制作的年谱（《竹内好全集》第 17 卷），当时，日本外务省的对华文化事业部组织了一场以学生为主体的"朝鲜、满洲观光旅行"活动，并提供半价补助经费。他们一行八人于 1932 年 8 月 7 日从东京出发，8 月 22 日抵达大连之后便就地解散，自由活动。此后，竹内去了北京。8 月 24 日起，他在当地生活了很长一段时间，直至 10 月 8 日回到东京的家里。

由于去了北京，独自一人生活了一段时间，我的想法彻底改变了。此后我决心要好好地做些事情，便买了几本书回来，开始着手研究。看不懂汉文，就先从现代中文开始。（同上）

既然从外务省领取了补助金，就必须在事后提交研究报告。竹内选择的主题涉及报刊领域，他在1933年3月提交了一篇题为《中国报刊事业之研究》的论文。可以说他对报刊的关注正肇始于此。旅行期间，竹内跟随团队经由朝鲜抵达中国东北（即"满洲"），还去了长春，看到了刚建立的"满洲国"。但他说："真是不情愿。非常不情愿。所以（即便日后要考虑自己的就业），和'满洲国'有关的事情都不想再参与了。"（同上）

在北京，竹内第一次离开"日本"，作为一个二十一岁青年独自在海外生活。由于无法用中文口语交流，便跟着家庭教师学习语言。但同时因为能够看懂一些，也去琉璃厂、西单等处的书店街，随性地买了约百册中国现代文学方面的新书。其中有一半是张资平的小说。其次是郁达夫、郭沫若的作品。买来的这些书是返回日本之后才开始读的，但他觉得索然无味，只对郁达夫有亲近感，遂决定以其为主题撰写毕业论文。根据年谱的记载，竹内在此前的1931年10月曾读过鲁迅《阿Q正传》的日文版，在日记里做了"诙谐幽默，令人佩服"的评价。这说明他在踏上现代中国文学研究的道路时，并不是径直地走向鲁迅研究的。

在北京期间，竹内还曾读过孙中山的《三民主义》并有了深刻感触。那与身处日本国家躯壳之中阅读孙中山是有所不同的，是一种更鲜活的印象。来北京之前，竹内作为东大的新生参加了 RS（Reading Society），读过一些唯物辩证法的文献，但并没有接受该团体判断各种理论之高低优劣的基准。他读孙中山时产生了深刻感触，说明其尚不具备大学生那样僵化的理论。

如果竹内第一次去中国旅行时不只是待在北京，而是去上海逛逛更好的书店，那么他的收获或许不止于此。因为当时中国新时代文学的中心已然从北京转移到了上海，在那里，势必能够找到他日后长期重点关注的茅盾、鲁迅、胡适等人的著作。不过，竹内在北京购买的书籍也包括了茅盾的两部小说《蚀》和《虹》，据说这是他所购书籍中装订最为精美的，因而令他感到这似乎是一位了不起的作家的作品。他实际读过之后并未当场给予高评，直到不久之后听闻其又有新作《子夜》出版，便又从上海订购阅读，这才逐渐萌生出对茅盾的浓厚兴趣。这件事发生在他与武田、冈崎等人展开交流，并创办中国文学研究会的前夕。

> 我通过阅读这部作品（指《子夜》——引注），第一次洞察了中国文学。（《关于书籍等事》，中国文艺研究会刊行《野草》第 6 号，1972 年 1 月 20 日）

也大致在那个时候，竹内从大学毕业，进入满铁工作。他没有去"满洲国"体制之内的建国大学[1]任教，而是打算去调查现代中国的情况。东大经济学部是有考试的，所以竹内没有选择经济学，但他和经济学部的朋友们经常来往，也曾饶有兴味地去股市、交易所参观。甚至还把钻石社刊行的《经济记事之基础知识》一书置于案头认真地研读了一番。因此他当时也喜欢做些调查，并立志在毕业后从事相关的工作。当时日本的报社是不会聘用文学部毕业生的，所以他放弃了成为报刊记者的念头。但对于报刊的关注仍一直持续，甚至晚年还考虑过发行小报。竹内之所以在同时代的对华研究者中最欣赏尾崎秀实，或许就是因为他自己曾在30年代探索过类似的方向。同时也正是在这一背景下，他才会被茅盾的《子夜》所吸引。

小说《子夜》的主人公是抱着民族独立之心投身实务的经营者，但此后却在共产党活动的影响下发生了变化。可以说，竹内读后的感受与其对日本共产党人发生转向的印象是重合的。

　　　　战前，我对左翼运动没有太过深入的了解。换言

---

[1] 建国大学即伪满的"满洲建国大学"，建立于1938年。

之，没有深入到发生转向的程度。三好十郎那些人差不多是转向了，我却没有。若说我是事先已经看透，会显得有些冠冕堂皇，事实上并非如此，我不过是觉得有些不对劲，才避免深入而已。这里面，交友关系也发挥了作用。若朋友里面有非常热衷于共产主义信仰的人，我无论如何都可能被带进去。但当时我身边没有这样的人，有的尽是一些不守时间、不遵守约定的怪家伙。我觉得他们做的事情挺奇怪的，所以没有加入，只是保持距离冷静地观望。这样一来，就从 NAPF（全日本无产阶级艺术联盟）时代走向了 KOPF（日本无产阶级文化联盟）时代，后者失败后就什么信息也收不到了。不过，我在北京（第二次去北京时——引注）无事可做整日喝酒时，也曾在酒馆第一时间听说了日本左翼运动失败的消息。大家话里话外都在说这事，甚至他们一言不发也能从其举手投足中察知。我感觉有个家伙可能此前体验过类似经历，便去试探了一下，果然如此。他们真是遍布各处，还有些人在战后出人头地了。虽然这样很好，但我终究是没法给予充分信任的。（《中国和我——关于战后与左翼运动》）

即便到了战后，竹内对茅盾《子夜》的评价也未曾发生

改变。1963 年，日本平凡社将《黎明之前——子夜》一书
以《中国现代文学选集 4：长篇小说 1》的名义进行了出版。
到了 1970 年，河出书房又进行了重译。竹内在其中做了如下
说明：

　　　　我承担了（这套丛书里——引注）鲁迅和茅盾两卷
　　的翻译工作。从茅盾的作品里选择了《子夜》。这是对
　　平凡社译本的重译。事实上就我个人而言，相较于《子
　　夜》更青睐其后期作品。但此次也尊重其他编辑的意
　　向，最终选择了《子夜》。我再次拜读了这部写于 30 年
　　代的作品，再次产生了钦佩之情。

　　　　实际上，书中的情况和现在的日本非常相似。我在
　　八年前翻译此书时就如此认为，现在再次拜读，觉得真
　　是越来越像了。日本在安保斗争和三池斗争之后又有大
　　学斗争，真可谓进入了"子夜"的世界。今后若日本经
　　济的危机状态走向表面化，其相似点或许还会进一步增
　　多。若要问，日本文学的遗产中是否有像《子夜》一般
　　统览全局的作品，那么我只能给出否定的回答。从此点
　　来看，早在 30 年代就出现了这部作品，说明中国文学
　　的成就是应该得到正视的。（《以多样性看待世界》,《新
　　刊 News》第 197 号，1970 年 7 月 1 日刊）

那个时候竹内看待日本经济危机的状态，和经历了70、80年代经济繁荣之后再去看是有所不同的。若认为此后的经济繁荣和竹内给出的预测不相符合，那么其本身势必就是一种危机。竹内的预言是"预言家"的预言，并不具有预见或预测的性质。其预言的不准确性，无论在太平洋战争的问题上还是在战后日本经济高度发展的问题上都是存在的。但我认为只有看清了这点，才能够明白他对《子夜》的评价实际上真正把握到了当时日本文学的缺陷。竹内的预言，作为对当时日本的批判，是准确的。

六　留学

古代自不待言，进入近世 [1] 直到幕末为止，日本人始终认为前往海外留学意味着把自己置身于危险之中。吉田松阴前往海外的尝试，就以被处死告终。而对于同样违反"国禁"前往海外长期留学的新岛襄来说，这也是赌上性命的冒险行动。正如石附实《近代日本的海外留学生》（密涅瓦书房，1972 年）所指出的那样：幕末至明治七年（1874 年）的海外留学人员详细名簿显示，最初向海外派遣人员的是幕府和各藩，其中亦有极少数的自费生。虽然明治时期的自费生有所增加，但终究还是公费生占据了大多数。明治八年（1875 年）以后，自费生减少，公费生增加。这些自费留学生需要自行承担每年近千日元的开销，因此除了一部分华族、资本家之外，只有很少人负担得起。从留学地点来看，

---

[1]　在日本史的时期区分中，一般指安土桃山-江户时代（1573—1868）。

幕府时代主要是英国、荷兰、俄国、法国、美国。另有两人去了香港。这是因为当时在香港能相对更快地接触到英国的学问，而不是意味着他们在中国（清国）留学。

刚进入明治时代，在所有出国留学的570人中，仅有4人去了清国，1人去了香港，其他全是去欧美的。再往后，从明治到大正再到昭和，出国留学的目的地几乎全都集中在了欧美。当然，日本陆军方面也曾向朝鲜派遣过留学生，但当时是出于"国策"上的考虑才向亚洲国家派遣留学人员的，实际并非出自日本年轻人的本心。吸收欧美先进国家的文明，确为日本官民共同的愿望。因此向外派出公费留学生的目的，说到底也就在于学习欧美诸国，以使日本实现国家的富强并对外扩张势力。

竹内好原本对于自己在中国文学系的学习并没有抱太大的期待。之所以在外务省补助金的支持下前往"满洲"并留学中国，纯粹是为了到日本以外的地方去走走看看。不过，正是以第一次留学的经历为契机，他萌生出了再次赴华的强烈愿望。

完成最初的留学并返回日本之后，他和同样研究中国学问的朋友们一起于1934年（昭和九年）创办了中国文学研究会。进而，到了1937年（昭和十二年）10月，竹内又放下自己主导的研究会工作，以外务省"补助生"的名义再次前往中国。当时他在北京生活了两年时间，致力于语言方面的研修学习。

　　1934年3月即将从大学毕业时，竹内曾认真考虑过自己毕业后该去哪里从事何种工作的问题。有人建议他去建国大学任教，但他对日本政府操控下的"满洲国"毫无兴趣，于是便计划再次在外务省补助金的支持下前往中国留学。当时日本的制度，是把补助金分成一类、二类、三类，大学毕业生属于三类，即外务省可承担留学两年的费用。虽说名义上是日本"外务省补助金"，但实际上这笔钱是由中国政府支付的，即它是中国在义和团事件后向各国支付赔款[1]的一部分。而且，已经有一些人用这笔钱去过中国了。竹内在读书时就有了申报的打算，但鉴于中国文学研究会毕竟是他自己发起创办的，只得留下来担任东亚高等预备学校的教师，直至1937年才终于如愿。不过，同年7月7日发生卢沟桥事变，中日之间爆发了战争，他的出发时间推迟到了10月。也正是这场战争，给竹内造成了极其巨大的影响。

　　要动身去留学之际，我带上了岩波文库出版的《战争与和平》。我通读《战争与和平》，前前后后也就这么

[1]　即1901年清政府与列强签订的《辛丑条约》中所定之"庚子赔款"。

一次而已。

　　由于各种复杂的原因，当时要整理好自己的情绪并不容易。我渴望从这本书里找到某种精神的支撑。同时也预感到自己将成为历史的见证者。为了不让自己随波逐流，我期待能够确立一种俯瞰总体的视角。即利用自己所谓留学的特权，置身于战乱之外，从而把握战乱的全貌。这非找到一种方法不可。方法难以他求，但应能找到一些参考。故而，选择了《战争与和平》。

　　结果我的期待彻底落空了。不但没能成为见证者，反而在一瞬之间就被卷入了洪流。两年的北京生活，竟以饮酒玩乐而告终。

　　不过，这全都怪我自己无能，不能归咎于《战争与和平》。这本书是他山之石，让我体会到了自己作为二流人物的命运。（《我的"战争与和平"》，《世界文学全集》月报第21号，河出书房，1962年4月25日）

以上内容概括来说，即竹内在读过《战争与和平》后终于放弃了以美学为基准看待小说的做法。因此才会把托尔斯泰的《战争与和平》置于《安娜·卡列尼娜》之上。正是出于这一点，《战争与和平》时至今日（撰文的1962年）不仅在托尔斯泰的作品里，更在世界文学中占据了首屈一指的地位。因为即便到了现在，我们仍旧难以放弃书写"战争与和平"的梦想。

然而竹内又说，若把自己的梦想投射到各家各户去，那么比起《战争与和平》，托尔斯泰的民间故事是更值得关注的。

1937年（昭和十二年）10月，外务省"对华文化事业部"曾选拔过六七名留学生。小泽文四郎是其中一员。他把日记中涉及竹内的部分摘录出来，并撰写了一篇悼念竹内的文章。

昭和十二年十一月十六日

夜。依竹内君首唱，纠合本年度留学生，而开宴于前门外正阳楼，赏味烤羊肉。欢谈移刻。会者胜又、小野、佐藤、岩村氏等凡六人。八时散会。阴雨萧萧，冷气稍严。

注记：如今日本将烤羊肉称为成吉思汗料理，正阳楼是一家老店。烟熏火燎的，眼泪都能给人熏出来，但真是非常美味。

同年十一月二十二日

午后，依约访胜又氏。神谷、竹内两氏来会。乃约以读书会。课本为《中国近三百年学术史》。定月曜[1] 为期。而会场轮番。第一为余寓。第二竹内氏。第三胜又氏。第四神谷氏。余翘望此种读书会也已久矣。今日见其成立，不禁痛快。

注记：该读书会持续至何时尚不清楚。钱穆的《中国近三百年学术史》是当时刚出版上市的名著。迄今仍造福于学界。

小泽文四郎当时是去中国留学的，所以以上是其努力用中文所写的日记原文。对我这个不通中文的人来说，看得有些懵懵懂懂，或许日本的读者们也是如此吧。但感觉我若将其翻译成日文，恐怕会出现不少错误，因而在此直接引用了。

仅从日记来看，那时候我几乎没有记录其他同学或学长，和竹内来往的相关记录是最多的。这显然说明我们的关系极为亲密。最初一段时间，我对他的印象还不甚明确，但此后在异国的土地，身处战乱和变动之中，正因为共享一种无法消解的忧愁，最终走到一起进行了交流。竹内君寡言少语，外表平凡，不会率直地表达感

---

[1] 在日语里，月曜或月曜日即星期一。

情，但却冷静睿智，时常以满腔的诚意待人，这正是我
所缺乏的，也是吸引我的地方。（小泽文四郎：《北京留
学时代的竹内君和我》，《竹内好回想文集：然而，人心
比宇宙宽广》）

当时的北京城内已经没有了战斗。不过却"有一帮日本
随军人员每天都跟在后面。那时候的北京和二战战败之初的
日本很像，是一个无法无天的地带，只要拿到随军人员的身
份，几乎就可以为所欲为，这是我在当地亲眼所见。在那儿
是根本不可能安心学习的，也没有那样的氛围，更不知道将
来会怎么样。留在那里的人虽然办了杂志，但明显持一种无
所谓的态度"（《杂志〈中国文学〉时代》，《中国和我》）。在
中国看到日本人的日常所为后，他对好不容易建立起来的中
国文学研究会也感到心灰意冷了。这场中日之间的战争，竟
使其变得如此自暴自弃。

哪怕去留学了，当时中国的大学也处于关闭状态。一些
当事人还在自豪地谈论着日军无差别杀害中国人的事情。在
这种情况下，竹内和其他日本人的来往就变得极为沉闷了。
他之所以和小泽文四郎多次会面，就是因为将其视作了可以
交心的朋友。但即使面对这样的朋友，竹内也不会率直地吐
露心声，显得沉默寡言。而面对中国人，若直接表达同情态

度是非常难为情的，不得不控制彼此之间的思想交流。尽管如此，当时竹内仍和一些中国人交了朋友。杨联陞便是其中之一（此人在竹内去世之后曾送上挽联一副，将其评为"冷眼热肠人"。我认为这很好地点出了支撑竹内思想不断向前发展的悖论）。过了十年步入战后，竹内曾以《致中国的一位旧友》为题写过他，但未点出名字。

> 我时常会想起你。由于生性懒惰，未曾发去书信交流，但我突然冒出对中国的思念时，会不可思议地联想到你。在此种场合，中国人会做何考虑？每当提出这个问题时，我经常会首先想想你会如何考虑并对此加以翻译。你不是出名的作家，也不是大学教授，而是刚从大学毕业不久、在社会上尚无名气且小我几岁的学究而已。虽然我们的相识和走近不过是因为一次偶然的机会，但你却和其他人完全不同，给我带来了本质性的影响。对我而言，若提到具有代表性的中国人，首先就必定会说起你。对于我的中国文学研究乃至我自身的文学性形成来说，努力尝试去塑造你的形象，将是一个极为重要的关键所在。我的工作尚未取得成功，但要切实把握你的形象，这一念头却从未发生过改变。因此，我要在这里向我们之间的奇缘表示感谢。[《致中国的一位朋

友》（原题），《近代文学》1950 年 5 月号］

　　对于在战后日本文坛打着"现代中国论""国民文学论"
旗帜登场的竹内好，花田清辉曾写过一句讽刺性的评价：你
要是那么喜欢"国家"的话，不如改名叫"国内好"算了。
实际上当时竹内不断挑战的，是业已成为日本人普通常识
的"国家＝本国政府"这一观念。其思想深处的目的，是从
"国家＝本国政府"的等式出发，在中国寻找同时代的自由
之人。花田在展开批判时曾提到从国族性（National）[1] 迈向
国际性（International）的问题，在竹内看来，自己的思想虽
然与此接近，却也有所区别，不如走向国族性的对立面，成
为世界性（Cosmopolitan）的个体。他不会放弃作为个体站
在国家的对立面并尝试超越国家，且从战争时期就已经开始
了思考。即便从太平洋战争爆发时，他在《中国文学》上发
表的支持战争声明里，我也能听到其内心的这种呼唤。

　　　　除了学术论文，我还有两件与你相关的纪念品。它
　　们都是你给我的书画，其一是小卷的南画，其二是你自

---

[1]　National 一词可有多种翻译，包括国家性的、民族性的、国族性的等，此处据
　　上下行文取"国族性"。

己用"浣溪沙"这一词牌名翻译出来的泰戈尔作品。我把它们轮流挂在了书房里（所谓的书房，实际上和上海的"亭子间"差不多，是租来兼作卧室用的）。这两件纪念品我都非常喜欢，喜欢它们的清新脱俗。当然，我原本没有书画方面的兴趣，仅仅是基于自身喜好在冥冥之中觉得其脱俗罢了。你作为分析卡尔·魏特夫的青年经济史学家，在本专业之外的文学和艺术领域也有很深的造诣，不仅让我学到了很多书本上没有的东西，而且还在不经意间掌握了书画技巧，实在是让我惊叹不已。差不多就是因为这件事，我发自内心地感知到了中国文化的博大精深之处。我们这些只知道回顾明治时期教养的人，猛然发现自己竟真实地生活在当今的世界，所以当然会迎来以往中国文学观的根本性动摇。（同上）

杨联陞和竹内好，当时都有着马克思主义经济学的知识，因此才能用不流畅的日语和中文进行交流。在那个时代，竹内这一辈的日本知识分子中有很多人是熟悉马克思主义理论架构的。其中也有一些人去了中国。但是，竹内却总是避免和日本知识分子进行交流。他当时目睹了日本人对中国人那些厚颜无耻、残忍毒辣、虚伪至极的所作所为，因此用日语和不知廉耻的同胞们展开交流，对其而言是一种耻辱。这既是竹内心目中的国耻，也正是能够展现竹内色彩之民族主义性格的一种重要特质。

　　然而，我现在呆坐在所谓"亭子间"的书房里，一边透过书画望着你那比照片还清晰的面容一边沉思的，并非文学抑或文化的问题，而是更显个体性的、你那时的心境。从字迹里展现出来的缥缈神韵，无疑来自中国文化之博大精深，但也绝不仅止于此，或许还有别的什么东西。我最近甚至意识到，你那种气度实际上和作为市井隐者身处日本占领下的北京并不是毫无关系的。我比较粗浅，所以直到战争结束也没能注意到此点。那时每周一次互相教授语言不过是表面的。一起散步、去中央公园下围棋才真的让我感到彼此投缘，生出一种不可思议的投契之感。在我一生中最感痛苦，最希望忘却的这一段时期里，唯有和你交友的两年时光是至今仍令我记忆犹新的。我们当时有种默契，即对时局的缄口不谈。我对你是深表同情的。没错，这样说虽然失礼但确实如此。而且通过对你的同情，我也反过来同情自己。有一次我问你为何不找个地方上班，你笑着回答说因为不愁吃喝，当时我没能体会到你内心那深深的忧伤。现在我懂了。你那时的忧伤已成了我现在的忧伤，我懂了，而且我完全领悟到了：文化的深厚并非来自数量的堆积，而应该通过抵抗的程度来进行判定；你那北京市民乃至全中国人民无法看到的抵抗精神真是太伟大了；这种精神，包括我在内的日本人都未曾觉察，甚至时至今日也无法充分觉察，尤其是无法将其作为一个文化问题来理解；我觉得同情你便是在伤害你，皆因我对文化的理解太过浅薄了。（同上）

正是因为即便失礼仍坚持同情，且在日后逐渐有所领悟，竹内才会在战后写出《中国人的抗战意识与日本人的道德意识》这一优秀作品。这种"失礼的同情"，意味着他把自己和其他日本人摆在了同一个层次，同情成了一件羞耻的事情。林语堂和胡适等人恐怕和杨联陞的感受是非常类似的，所以竹内才会形成共鸣，进而才会向与之相当，向走向了另一个极端的毛泽东投去关注的目光。毛泽东当时已经完成了长征，在中国腹地建立起了根据地，并计划夺取日本的武器，实施持久战以抵抗日本占优的军事力量。将此力量视为更有优势的军事实力加以同情的日本良心知识分子内心之中，正是甲午、日俄战争以来在长年学校教育下形成的历史观。面对此种历史观，竹内的虚无主义未能成功抵御。直到战败后处在美军的占领之下，竹内才终于洞察到了杨联陞当时的处境。进而到了 1950 年，他针对不断谋求复兴的日本，做出了如下判断分析：

> 一言以蔽之，我对现状几乎是绝望的。虽然如今也有着各种各样的动向，但我认为它们和战争时期的动向并没有本质性的差异。可见，联结日本和中国的纽带，尚不具备群众层面的基础。我个人对此所持有的意见，已经没必要专门以书信形式汇报了，只需阅读我最近的杂文便可知晓。我是一个研究中国文学的日本人，在写文章的时候，总是会把你这样一个在我看来最为典型的中国人作为基准，介绍给读者。祝愿你身体健康。（结语，同上）

竹内的文章采取了直译的体裁，让人感觉在此之前似乎有一篇用外语写成的"原稿"，这在其著作中是颇为鲜见的。同时，他也留下了一股时代的风气。那个时代，正是两个二十来岁的年轻人，用刚学会的中文和日语展开交流的时代。

七　『中华民国万岁』和『大日本帝国万岁』

中国尝试向国外派遣留学生的时代，大抵与日本重合。两国在最开始的时候也大致相同，都是往欧美派遣留学生。清政府在和太平天国革命军交战的过程之中，曾为英、法、美等国士兵的强大战斗力所震惊，于是便启动了派遣留学生的工作，尤其致力于学习造船和火器制造方面的知识。曾就读于马礼逊纪念学校并于1847—1854年前往美国学习的容闳，可谓中国最初的留学生。他自1862年起，始终致力于倡导中国的近代化，花了十年时间，终于在1872年说服了高官曾国藩，派出120名学童赴美接受15年的修学。继而，李鸿章等人又往法国、德国、英国派出了不少留学生。曾在甲午战争的黄海海战中与日本海军交手并饮恨战败的北洋舰队，就是由这些留学生参与组建的。

1894—1895年，甲午战争的对日战败和割让台湾，又在此后引发了中国向日本派遣留学生的浪潮。当时以近卫笃麿为会长的东亚同文会[1]主张团结起来对抗西方人对亚洲的侵略，由此，在日本内部形成了接受中国留学生的环境。革命派的孙中山（十二至十九岁时曾在夏威夷的高中学习）和立宪民主派的梁启超，在行动失败后都亡命日本。而想要镇压这些变革动向的清政府要员们，亦为了复兴清政府而向日本派出了留学生。于是，19世纪末的日本便成了中国变革派青年与保守派青年之间相互角力的舞台。

清政府向日本派遣留学生，实际上肇始于甲午战争之前的1890年（明治二十三年）6月。当时有7名留学生跟随中国公使来到了日本，后者为避免留学生直接接触日本社会，在其公使馆内开设了"东文学堂"，令其在官方监督下展开学习。

与此不同的是，甲午战争之后于1896年派往日本的13名留学生，则完全交给了日本人（东京师范学校校长嘉纳治五郎）来教育。中国公使当时对日本教育的弊害仍心存戒备。那么，为何清政府明明有所警惕却又坚持向日本派出规模庞大的留学生队伍呢？这无疑是因为他们对日本国民教育成果的密切关注。

严安生的《日本留学精神史》（岩波书店，1991年），曾

---

[1] 1898年由东亚会和同文会合并而成的"亚洲主义"团体。

就此事援引外交官夫人单士釐《癸卯旅行记》（同文印刷社，1905年）中的内容，做过如下一番叙述。

　　另一方面，早期负责监督留学生的某外交官夫人在看到大阪博览会（第五届"内国劝业博览会"，1903年3月1日起在大阪的天王寺公园召开）的教育馆时，曾发表过一段感想："中国近年也开始研究起教育来了，但他们只考虑人才培养的一个方面而已，尚未将重心置于国民教育。……虽说是人才教育，但在大的层面不过是供政府所用，在小的层面是为学技谋生。若国民本身未得到培养，国家如何能够收获人才。若没有国民，又何以确立社会？"

　　这里的"国民"一词值得关注。因为中国以往并没有这一概念，如今亦未被人民所熟知，它是当时有人留学日本之后才获得的文明新语。所以里面所蕴含的意义引起了中国人的高度关注，甚至激发了其责任感。在早期介绍日本教育的书籍（罗振玉：《日本教育大旨：学制私议》）里，曾有如下一段叙述："近日东西教育家做了人民与国民之区分，所谓国民，即已接受义务教育并关系到国之盛衰者（中略）人民乃未受义务教育者，不得冒用国民之称。"从中或能窥见一种深刻的认知。因此，这位驻日外交官夫人（她的儿女及其配偶都在日本留学，长子钱稻孙此后成了著名的日本语言文学研究家）的观点，可以说反映了当时留学生们普遍的问题意识。从那时起，留学生们开始生出兴学观和普及教育的热情与目标，走向和国内当局完全不同的方向，并最终成了运动的主流。（严安生：《日本留学精神史》）

由此，中国人便从日本那里吸收了"国民"的理念。它不仅仅是中国留学生带回祖国的学习成果，还曾在1919年中国学生面对日方压力发起抗议行动（五四运动）的过程中进一步走向了扩大。进而在1931年日本侵略中国时孕育出抵抗运动。这便是中国人从日本那里获得的理念。

早期的留学生属于体制派，曾在清末的立宪准备时期、袁世凯政府时期出人头地，当了高官。然而在此之后的留学青年却选择了完全不同的道路，开始立志于国民的教育。

严安生曾在《日本留学精神史》中回溯过清政府派遣留学生赴日的意图，并观察了在体制派留学生之后的那些青年："如果只能看到那些近代革命史上垂名的好男儿、活动家，那么终究无法阐明三四年间留日学生人数从200余名（1902年初）暴增至约10000人（1905年末）的事实及其原委。"而同样研究留学生史并撰写《中国人日本留学史》

（黑潮出版社，1960年）的实藤惠秀，则在其著作中采取了不同的手法，即尝试以1937年的卢沟桥事变为界，探讨中国留日学生数量骤减的深层意义。该书的执笔和出版，都发生于中日战争时期。根据实藤的研究，截至1937年6月1日，在日本留学的中国学生共有5934名，他们在7月7日以后便相继回国了。而自甲午战争以后至当时为止，有约50000名中国留学生在日本受辱，则正是此事的远因和背景。

　1905—1912年在日本留学长达八年时间的湖南学生黄尊三（此后成为民国大学的总务长）曾出版过一套《三十年日记》，共计四册。从其内容来看，整个八年时间除了1906年6月6日有"日本友人前田来访"的记载外，其余提及的日本朋友不过四人而已。而且这些来访者都未曾久坐。

　同时，梦云生于1906年创作的小说《伤心人语》，则记录了东京的车夫和中国留学生之间的问答交谈。

车　夫　日本和俄国打仗，日本打赢了。你知道吗？

留学生　是的。

车　夫　既然知道，你难道不羡慕我们吗？

留学生　是的。

车　夫　（看到对方似乎不明白自己的意思）不管我说

　　　　什么，支那人恐怕都是听不懂的。（但实际上是能听懂的。）

不肖生的《留东外史》（1916 年刊行，出版至第 10 集）也是一部以留学生为题材的通俗小说。它在第 2 集里提到周正勋被日本人辱骂为"中国佬"一事时，添加了如下注释。

日语辞典里并无此词。其意不可知。应是以此词辱骂中国人也。（转自实藤惠秀：《中国人日本留学史》，1960 年）

当时日本人对中国人使用的侮辱性词汇，最初是"中国佬""辫子佬"之类［出自甲午战争后比戈（Georges Bigot）描绘日本孩童游戏的漫画］，到了日本大正末年出兵西伯利亚[1] 时期又成了"支那"。曾赴日留学并亡命日本的郭沫若，在 1936 年 9 月号的《宇宙风》上发表过《关于日本对中国人之态度》一文。

日本人将中国称为"支那"。据称原本并非贬义，乃"秦"字之转音。然每从日本人口中说出此词，竟比

---

[1] 即日本参与的对俄国革命之武装干涉行动（1918—1922 年）。

欧洲人说犹太一词更显过分。日本人的此种态度，亦能
从其国际关系的文字中反映出来：英支、法支、德支、
美支、俄支、鲜支、满支。中国，常被置于最劣等之地
位。（同上）

竹内好在其毕业论文中研究的郁达夫，曾有一部名为
《雪夜》的小说。其中大致是这样写的：

　　若去小石川的植物园和井之头公园，总能遇到些年
龄相并的良家少女。……她们口里说出支那人时，从欢
乐的绝顶，你每会立时掉入到绝望的深渊底里去。……
支那或支那人的这一名词，在东邻的日本民族尤其是
妙年少女的口里被说出的时候，听取者的脑里心里
会起怎样的一种被侮辱、绝望、悲愤、隐痛的混合作
用，是没有到过日本的中国同胞，绝对地想象不出来的。
（同上）[1]

郭沫若曾在市川的须和田定居过一段时间，从事古代文
字的研究。1933 年（昭和八年），还是东大二年级学生的竹

---

[1] 译文参考《雪夜》，《郁达夫书信集》，浙江文艺出版社，1987 年。

内去拜访了他，请教了创造社的文学运动一事。之所以如此，是因为他毕业论文将要研究的郁达夫，正是郭主导的创造社的成员。

郭沫若当时觉得自己的过去是不够光彩的，所以时而会露出一丝"我和过去可不一样"的态度。竹内写道："当然，他回答了我的问题，然后话题就转向历史研究中的轶闻了。他向我这个小毛孩子高谈阔论了一番，讲得滔滔不绝。"（《关于郭沫若先生》，《秋田魁新闻》12月6日，共同通信社，1955年12月）

与此同时，也听他聊了不少古代文字方面的研究。在竹内去拜访之前，冈崎俊夫已经去过一趟了。而在竹内之后，武田泰淳还去过好几次。那时郭沫若正在被日本政府监视，所以，对于未曾被警察逮捕的竹内来说，去拜访他也是一件令人胆战心惊的事情。（《杂志〈中国文学〉的时代》，《中国与我》）

冈崎俊夫、武田泰淳、竹内好，是翌年1934年（昭和九年）创办中国文学研究会的核心成员。这个研究会曾在有形无形之间得到过郭沫若的支持。比如郭曾为其所办杂志题字，抑或是在没有任何酬劳的情况下出席例会并以"关于周易"为题做过演讲。当时的听众可谓人山人海，中国留学生占了很大一部分。

至 1936 年末，听闻郁达夫再度来访日本，中国文学研究会的成员们又在名为"三田之司"的料亭专门设宴款待了他。不过，在邀请他参加例会一事上，却出现过一些突发状况。

    那时大家每月会聚在一起召开研究例会，于是就邀请郁先生为我们做一次演讲。当天大家热热闹闹齐聚在神田的日华学会会场，等待郁先生到来，但现身的却是警察。原来，郁先生在前一天给留学生们做了一场煽动性的演讲，大意是说日中战争如今看来已经无法避免，诸君应有所心理准备云云。那种场合，是必然会有警察混入的，他们荒唐地扬言要将郁先生遣返回国。如此一来，郁先生便无法出席我们的例会了。在万般无奈之下，只好由我代替他进行即席发言。题目是"中国文学研究的方法"。特高[1]的人还专门做了记录。要糊弄特高是不行的，但只要说些深奥的东西就能解决问题，于是我就拼命往深奥的地方讲。正担心自己会被他们押走，没想到他们只是说了句"这样办研究会就没问题"之类的就回去了。此后，郁先生便无法再参加任何公开的集会，以一种近似被驱逐的形式返回中国去了。（同上）

---

[1] 即"特别高等警察"的简称，系日本监视民众思想言论的政治警察。

郁达夫在日本期间曾多次和郭沫若相会。根据竹内事后的推测，他此行的目的很有可能是向郭传达构建抗日民族统一战线的消息。郭从那时起应已有了离日回国的打算。

> 我们什么也不了解。在现实中，侵略的一方是不会了解被侵略一方的。被侵略的一方当时是在以命相搏，所以能够看透侵略的一方。而我们，则什么也搞不清楚。（同上）

我们可以来看一下发生此次驱逐事件之前，在"三田之司"料亭举办郁达夫欢迎宴会时的情形。

> 和创造社的大人物郭沫若、郁达夫面对面，我们这些血气方刚的年轻人当时真是兴高采烈。在拍摄纪念照时，调皮的朋友们非要让我坐在两个大人物的中间。
>
> 而在迎送贵宾的玄关处，大家还突然情不自禁地大喊了起来："中华民国万岁！（当时的中国还处在中华民国时期——引注）"见状，郭先生便立即大声呼喊"大日本帝国万岁"来回应我们。我有些胆怯地低声劝阻他说："郭先生，还是别喊这个了吧。"但终究是来不及了。（《关于郭沫若先生》，《秋田魁新闻》12月6日，

共同通信社，1955 年 12 月）

听到日本青年高喊"中华民国万岁"便立即回应"大
日本帝国万岁"。反应之迅速，生动展现了郭作为政治家的
一面。

半年后，卢沟桥事变爆发了。于是郭沫若将日本妻子和
刚刚出生不久的孩子留在日本，只身返回中国加入了抗日
阵营。战争结束之后，他曾以科学院院长的身份再次来到
日本，但那时隐居在苏门答腊的郁达夫却已被日本宪兵杀
害了。若拜读小田岳夫的著作《郁达夫传》（中央公论社，
1975 年）就可以发现，当时竹内好从其文学的感性而言，
比起郭沫若和鲁迅，是更加亲近郁达夫的。而他真正对鲁迅
产生兴趣，则来自另一场邂逅。

八　中国文学研究会

1934 年（昭和九年）1 月，作为大学三年级学生进入最后一学年的竹内好和武田泰淳、冈崎俊夫等人创办了中国文学研究会。他们知道中国人厌恶"支那"一词，故用"中国"取而代之。

　　翌年，该研究会便刊行机关杂志《中国文学月报》，进而在此后将其更名为《中国文学》。这本杂志最初是菊型开本 [1]，仅 12 页而已，随后扩充至 16 页并持续了五年时间。从第六年起，其出版发行工作委托给了一家名为"生活社"的书店，因此以"中国文学研究会编辑、生活社出版"的名义又持续了三年时间，至 1943 年（昭和十八年）3 月共存在了八年。在这段时期，竹内担任了编辑兼出版负责人，并将事务所设在自己家中。

──────────────

[1]　日本书籍的规格之一，通常长约 22 厘米，宽约 15 厘米。

　　因为当时没有举办发刊仪式，所以最初阶段有很多事情不甚明确。竹内曾在日记中称：武田泰淳于1934年1月来家中做客并提出了创办中国文学研究会的想法。故由此能够大体推测其创办的时间。而他们对外公开使用研究会的称呼，则始于1934年的夏季。即为了举办周作人的欢迎宴会，曾正式以该研究会的名义向日本的文学者们做过宣传。而中国文学研究会的主要成员，在此之前业已明确下来：增田涉、松枝茂夫、冈崎俊夫、武田泰淳、松井武男、一户务。当时这些成员分头行动，拜访了佐藤春夫、有岛生马、与谢野铁干、新居格、竹田复，让他们出任周作人欢迎宴会的召集人。当天出席宴会的人物中，还能看到岛崎藤村、户川秋骨、村松梢风、堀口大学的身影。

　　出版月报期间，每月的开销是30日元。这笔钱，系由每人每月上交2日元，以"同人费"的名义来解决的。不过，当时研究会的成员中尚未正式就职者较多，故对他们而言，2日元实在难以筹措。事实上，那个时候文学部出身的人都不好找工作。于是在这样的情况下，为了保证出版工作的进行，家中有些资产的吉村荣吉、从父母那里能领到零用钱的竹内好，以及寺庙出身的武田泰淳只好掏出更多的钱来弥补经费的不足。与此同时，他们也致力于扩大读者群的规模，将总人数发展到了两三百人。

虽说是杂志，但也不过是非常薄的、仅有十二页篇幅的小册子而已。——总而言之是因为缺钱。当时情况类似于《文艺春秋》最初的状态，但比它稍微厚一些。大体是以此种感觉开始出版杂志的。那种分成四栏的版面，看上去像是对《文艺春秋》早期形式的模仿。(《中国文学研究会》，《我的回想》)

发行杂志的八年，再加上发行之前的各种活动，中国文学研究会总体上一共运营了九年时间。对于三十二岁的青年来说，九年是一段较长的岁月。

杂志成员编辑、出版并召开会议的场所，最初设在白金地区的竹内家中。但在竹内留学北京的时期，便移动到了东京的本乡，成员们在那里找到一幢四层的楼房，租了最顶层的小房间。1939 年 3 月 7 日，由于父亲离世，正在留学的竹内返回日本并卖掉了白金的房子，去目黑另租了一间房。于是自 1940 年（昭和十五年）1 月起，其住处再次成了研究会的事务所。

在《中国文学月报》第 1 号的"后记"里，杂志编辑曾以《关于中国文学研究会》为题做过如下一段介绍说明：

中国文学研究会是以中国文学的研究、日中两国文化交流为目的的研究团体。目前开展了例会（每月一次）、座谈会、发行《月报》等形式的活动。将来还计划逐次开展研究杂志的刊行、展览会、讲习会、建立文化俱乐部等工作。有志加入者请告知住址及姓名，入会无任何限制。会费为每年1日元。本会将向会员邮寄定期、不定期的刊物，并发去本会主办会议的通知。

早在杂志的第1号中，尾崎秀实就曾以"白川次郎"的名字发去过如下投函：

听闻《中国文学月报》将要刊行，实在欣喜不已。

能够吸引中国方面了不起的人物来投稿，真是一件非常有意义的事情。那边的情况，正如大家所知道的那样，似乎没有杂志能付得起像样的稿酬。所以如果日本能有杂志欢迎他们的投稿，那么首先就能够为他们的生活问题提供一些有益的帮助。

从邀请尚在日本的郭沫若题字，到邀请郭沫若、郁达夫、谢冰莹到例会上演讲，可以看到这个研究会拥有一定程度的自觉，正尝试在日中两国之间架起一座不算牢固的桥梁。

同样在"后记"的位置，还有一段文字用来解释为何杂志的题名中放弃了"支那"一词而使用了"中国"的称呼。

*征集随笔。大约五页篇幅，每月末截止，收件人请注明"研究会月报编辑部"。

*似乎有人对本会尚存误解。会名"中国文学"与"支那文学"同义。之所以用此名称，系为避免此类固有名词在同文的两国间若不翻译则无法通用的情况，别无他意。作为通用名词，若称"支那文学"亦无大碍。总之我们研究的不仅是现代文学，还将涉及古典，若可能，亦将在文学之外讨论文化领域的问题。

若翻阅记有第 1 号至第 10 号各文章标题的第 1 卷总目录便可发现：其中属于"演讲"类的仅有《日本文化研究在北京的现状》一文；"作家论"只有增田涉的《周作人论》；而没有作者署名、由竹内好等人编纂的"时报"共计七篇。因此，这本杂志的特色应在于：其主要版面集中于"随笔"和"小品文"，此外另有一些"漫画与木刻"而已。它的目的，应是要对当时中国出现的小范围动向加以关注。

杂志"小品文"的部分，主要是翻译了鲁迅、林语堂、周作人、老舍、郁达夫、海戈、严济宽、刘半农、梁宗岱的作品，并由竹内好在文末添加一些解说。

所谓小品文，即散文（与诗歌、小说、戏曲并列的文学形式）的一种，但散文、散记、随笔、杂记等概念之间究竟有着何种程度的区别却令人存疑。可以认为较显短小精干的，能表现出一定作者意识的文章都应该纳入小品文之列。

关于小品文的起源，胡适曾有过如下一段叙述："这几年来，散文方面最可注意的发展，乃是周作人等提倡的'小品散文'。这一类作品，用平淡的谈话，包藏着深刻的意味；有时很像笨拙，其实却是滑稽。这一类作品的成功，就可以打破那'美文不能用白话'的迷信了。"（《五十年来中国之文学》，1922年）

当时在小品文方面诞生了周作人、鲁迅、朱自清、西滢、俞平伯、徐志摩、林语堂、废名、吴稚晖、刘半农等一大批作家。此种文体虽曾遭到部分人的批评，但在现代文学中占据的地位却是确凿的事实。《〈人间世〉发刊词》[1]（1934年）甚至称："十四年来中国现代文学唯一之成功，小品文之成功也。"

---

[1]《人间世》是1934年由林语堂创办的小品文杂志。

　　小品文走向大规模的流行并得到重视，应肇始于两年以前。在第1号的时报《今日中国文学之问题》及《袁中郎研究的流行》中，都曾就此有过介绍。而这本《小品文特辑号》，正是为了让各位读者理解现代小品文的基本概念而特意编辑的。

　　我们之所以选择鲁迅和林语堂的文章来研究小品文，是为了通过这两位代表性的理论家展示现代小品文界的两大流派及其相互之间的差异。换言之，如今的现代小品文界除了《论语》[1]派的幽默小品之外，其他可以区分为两类：《人间世》的正统派，即主张小品文一义论与主情性小品文（闲情、个人笔调）;《太白》[2]一派，即小品文否定论或两义论（故派生出科学小品、历史小品论等）。鲁迅《小品文的危机》最为直接地表明了后者主张，故屡被引用。其中的"小摆设"论以及匕首和投枪等比喻，完全成了打倒小品文的暗号。当年春天出版的《小品文与漫画》(《太白》增刊)，就曾动员了该派数十名论者向《人间世》发起总攻，从中能够看到，鲁迅的强大影响力已隐然其间。

---

[1]　1932年由林语堂创办的杂志，主要刊载幽默诙谐风格的小品文。

[2]　1934年创办的杂志，由陈望道担任主编，鲁迅担任主要撰稿人。

　　若要展现与其相对的立场，或许应该选择翻译《〈人间世〉发刊词》，但此次却选择了林语堂的《小品文之遗绪》，用来阐明小品文的历史根据，并摸索其此后的理论发展。可以说，即便目前在其同人（废名等人）之中还存在着一些局部的异议，但上述文章应该已经足够反映出现代小品文的主流动向了。

　　而至于周作人，应该不需要再过多赘述。其代表作并非只有《苍蝇》，实际上为数众多。且需注意的是，他的作品同时也富含大量的社会性讽刺。当然，《苍蝇》是里面最具才气的一部。（《中国文学月报》第 6 号，1935 年 8 月 25 日）

对竹内而言，中国的小品文是借以锻炼自己文章的工具。在同一期刊物上，竹内还继续对漫画做了如下分析：

　　关于漫画：据说中国的漫画和让人捧腹大笑便告结束的美国漫画完全不一样，似乎总能让我们顺着漫画家的目光看到那些对小市民的嘲笑，抑或是对贫民的同情之心。

　　丰子恺是漫画界的老前辈了，最近他把抒情主义融入了市井描写之中，体现出一种独特的风格。但是，其作品过于静态而缺乏泼辣性，时常有年轻人批评他那特有的感伤。这也恰恰反过来证明其人气始终经久不衰。杂志《太白》曾刊载过他的作品《我们所造的》。

叶浅予的《北海所见蒙古人》是《时代漫画》所载"古城拊掌集"里的一篇作品。其中尝试用素描（Sketch）的手法描绘亲眼所见的平民生活。我们因为见惯了用夸张形式创作的漫画，所以未必会承认该作品属于漫画之列，但实际上，在对象的选择和把握上，它绝对没有失去纯正漫画的本质。里面尤其潜藏着对小市民生活的尖锐批评，可谓展现了中国漫画的优秀特质。

胡考，具备特殊的哀婉和技巧，所以虽然属于抒情派，却在另一层意义上和丰子恺有所不同。他在《时代漫画》上连载的《民间情歌》配合了行文之妙，从而营造出一种妖娆之美。本期则选择刊载其在《时代》上发表的《夏》。这部作品是由八个人物所构成的片段。关于其中的大意，有如下文字说明："夏：这里没有冰淇淋、电扇、游泳池。但是我们有我们的蒲扇、水、风。总之我们每年也过夏天。"

除了以上介绍的之外，当然还有《时代画报》的陆志庠，社会政治漫画的鲁少飞，《论语》派的黄嘉音，《漫画生活》的黄士英、黄鼎等主要漫画家。下次有机

会再向大家介绍。（竹内）

竹内在走向文学道路之初便已经开始关注漫画，而且这种关注的姿态持续了一生。我曾问他对 20 世纪 60 年代日本漫画杂志《Garo》的感想如何，他只是回答了一句：对于看漫画长大的一代会如何解读鲁迅，我是非常期待的。竹内应该知道，自己的读者之中，就有他在都立大学中国文学系教过的学生的上野昂志。自《Garo》创办以来，上野便长期担任时评栏目的负责人，创作了不少作品。

中国文学研究会的朋友们本来就对东大中国文学系的汉学不感兴趣，渴望对生活在现代中国的人们加以了解。因此，他们得以从池田孝道那里借来很好的资料，算是得到了幸运的眷顾。

池田孝道是竹内第一次去北京时候结识的朋友。到这人家里，能看到满满当当地放着不少做好的杂志，都是大家曾多次听闻却从未得见的。池田说自己刚搬到东京时是租房住的，所以根本没有地方存放藏书，遂委托中国文学研究会代为保管，若有人感兴趣，可以自由取阅。他的那些藏书很多是连东大研究室、京大研究室都没有的，甚至是日本唯一的。由于武田泰淳的家是寺庙，地方宽敞，就暂时寄放到他那里去了。待中国文学研究会把事务所转移到本乡之后，这些书又全都搬了出去，存放于竹内在目黑的住所。再过了一段时间，池田要去满铁工作，说想卖掉这些书，竹内等人帮忙介绍了买家，于是在随后的四五年间，他们得以细致阅读这些藏书。

不过在这个时期，中国文学研究会却遇到了麻烦。也就是所谓的"谢冰莹事件"：1935 年（昭和十年）"满洲国"皇帝访问日本时，[1] 日本警察曾把中国留学生里一些看似可疑的人物事先关押了起来。其中，就包括武田泰淳他们中国文学研究会的成员谢冰莹。而武田本人当时也受到此事的牵连，遭拘押入狱。

谢冰莹基于自己在中国的从军经历撰写了《一个女兵的自传》，在日本也有不少读者。她曾和武田互相教过一段时间的汉语和日语。而这次被关押的事件，则被她写进了 1942 年的小说《在日本狱中》。当时日本的《读卖新闻》报道了谢冰莹事件，中国文学研究会的部分成员感到自身面临危险，便相继退会了。这意味着研究会不得不面对随时走向解散的危险。

二战结束后，竹内曾在中国和谢冰莹重聚过一次，并于

---

[1]　时任"伪满洲国皇帝"的溥仪，于 1935 年 4 月首次到访东京。

1945 年 11 月 22 日用中文撰写了题为《不堪回首：献给谢冰莹先生》的文章。这篇文章刊载于中国汉口市和平日报社的《和平日报》（1946 年 1 月 10 日号）上。这也是竹内在战后所写的第一篇文章。不过，当年那个精神抖擞的女作家谢冰莹，已经成长为身材纤细、处变不惊，如家庭教师一般的中年妇女了。

和谢冰莹、杨联陞、郭沫若、郁达夫的交友关系，也让竹内思考起中国人和日本人的事情来。他是一个在成长过程中始终注重自身内心所向的人。但同时，也不会由此而对影响内心的外部现实视若不见。他在留学北京期间曾向《中国文学》（1942 年 9 月号）投稿过一篇《旅日记抄（3）》，其中记载了一项有关上海民居的调查。而当时很多住在宾馆里的日本人对探访上海民居都毫无兴趣。这说明竹内确实曾为了解中国人的生活而付出过艰辛的努力（幼方直吉：《竹内好在北京、上海的生活及其意义》，《思想的科学》1978 年 5 月临时增刊号）。可以说，承认自己内心存在偏见，同时又去追求打破此种偏见的智慧，正是竹内的方法所在。早在那时，他的方法便已展现了出来。

为了活在当下，竹内曾尝试去构建一种独特的日本形象与中国形象。这些形象和他的生活方式密切相关，也在其成长过程中表现了出来。和他一样构建中国形象并尝试将其与自身成长联系起来的中江丑吉、尾崎秀实，以及构建亚洲形象的大川周明、冈仓天心，当然会与其产生共鸣。在这一点上，构建日本形象的保田与重郎本应是与他们一脉相通的。只不过，保田的日本浪漫派选择把自己关在自己所构建的形象之中，和竹内拉开了距离。晚年的竹内曾留下过一句自勉的话："偏见有趣，无知无趣。"（《转型期：战后日记抄》，1962 年 6 月 21 日）这句话实际上表达了他对日本浪漫派的看法，同时也展现出了想要与之分道扬镳的决心。

九

《大东亚战争与吾等的决意》

所谓"大东亚战争",是竹内好预料之外的大事件。

　　历史被创造出来了。世界在一夜之间改变了面貌。我们目睹了这一切。我们因感动而战栗着，用目光追随着那如同彩虹般划破天空的光芒。我们感觉自己的内心深处涌出一种难以名状的、摄人心魄的震撼之力。[（无署名：)《大东亚战争与吾等的决意》,《中国文学》第80 号卷首，1942 年 1 月] [1]

　　这篇宣言酝酿于 1941 年 12 月 13 日的同人会，执笔于同月 16 日，最终以无署名的形式发表在 1942 年 1 月号上。

_____

[1] 本节所有《大东亚战争与吾等的决意》的译文，系参考如下中译本，并略做整理润色而成：竹内好《近代的超克》，孙歌编，李东木、赵京华、孙歌译，生活·读书·新知三联书店，2016 年，第 239—242 页。

12 月 8 日 [1]，宣战诏书颁布之时，日本国民的决意汇集成了燃烧的海洋。心情变得畅快无比。人们无言地走上街头，用亲切的目光注视着自己的同胞。没有什么需要用语言来传达的。建国的历史在一瞬间尽数闪现，那是不必挂在嘴上的自明之事。

谁能预料到事态会走向这个地步呢？我们在战争爆发前夕依然坚信应该尽量避免战争。我们只考虑到了战争悲惨的一面。其实，此种想法才是悲惨的。那是卑屈、固陋、被禁锢的想法。战争突然爆发的那一刹那，我们明白了一切。一切变得豁然开朗。天高光清，我们多年的郁屈烟消云散了。我们终于觉悟到，或许道路就在这里。回头望去，昨日的郁结早已不见了踪影。

想来，在人间的生死之境中，必定有些东西是以平常思维无法预料的。猛醒时分，昨日的烦恼反而开始令人生疑。我们这些年少后辈，不知日俄战争，惟是透过历史理论的抽象，才得以想见当时国民士气昂奋的场面。如今我们躬逢此次国家之盛事，得以亲身体验这非凡之时刻，实在是三生有幸。（同上）

---

[1] 日本偷袭珍珠港的时间是美国时间 12 月 7 日，日本时间 12 月 8 日。

　　面对强大而富裕的美国总是妥协退让，同时，却在弱小而贫穷的中国面前逞强，不断抢夺其利权，这是大正时代以来日本的传统做派。竹内对此是颇感厌恶的。如今，日本终于摆出了挑战美、英、荷的明确姿态，故对他而言，这是值得举双手赞成的事情。

　　坦率来讲，我们对于此次事变有着完全不同的感情。我们为疑惑所苦。我们热爱中国，热爱中国的感情又反过来支撑着我们自身的生命。只有中国成长起来，我们才能成长。此种成长的方式，曾是我们确信不疑的。然而此次事变的爆发却使此种确信土崩瓦解，被无情地撕裂了。残酷的现实无视我们这些中国研究者的存在，我们遂开始怀疑自身。我们实在是太无力了。当现实逼到我们面前强迫我们认同的时候，我们退缩了，枯竭了。正如失去了舵的小船，任凭风向的摆布，一筹莫展，无所适从。

　　现实真是太明确、太强大了，我们无法否定。我们能够否定的只有我们自己。我们曾有那样悲壮的时刻，当被逼迫到毫无退路的境地时也曾悄然下定不凡的决心。如今想来，在被限制的思维世界里，能够在尽头找到的也只能是这样的决心。那不过是心绪纷繁，一个想法也不曾付诸行动却反而对世间一切白眼相向的姿态而已。对此，本刊的读者恐怕早就在字里行间慧眼明察了。我们为此种迂腐而羞愧。我们埋没了圣战的意义。我们甚至一直在怀疑：日本是否正在东亚建设的美名之下欺凌弱小。

我们日本不是惧怕强者的懦夫。当战刀向强敌举起的时候，一切都得到了证明。作为一个国民，还有比这更让人兴奋的吗？正是现在，一切都昭然于天下了。我们的疑惑云消雾散，纵使美言可以惑众，行为却无法欺瞒天下。在东亚建立新制度、实现民族解放的真正意义，在今天已转换成我们刻骨铭心的决意。这是任何人也无法改变的决意。我们与我们的日本同为一体。看吧！一旦战事展开，那堂堂的布阵、雄伟的规模，不正是让懦夫们不得不肃然起敬的气概吗？如此看来，面对着这一变革世界史的壮举，此次事变作为一种牺牲也不是无法忍受的事情。如我们曾经历过的那样，因为此次事变承受着道德的苛责，沉湎于女里女气的感伤从而忽略了前途大计，才真是可怜的思想贫困者。

将侵略者从东亚驱逐出去，对此，我们没有一丝一毫进行道德反省的必要。对于敌人，就应该快刀斩乱麻地彻底消灭。我们热爱祖国，热爱邻邦。我们相信正义，我们也相信力量。

　　大东亚战争成功解决了事变，使其在世界史中获得生命；而如今使大东亚战争本身走向完成的，将是我们。（同上）

　　这篇文章多次提到的"圣战"思想，和保田与重郎为首的日本浪漫派精神一脉相通，也和当时大川周明、德富苏峰的思想相连。可以说，是对明治以来宫崎滔天以及北一辉等右翼亚洲主义[1]思想的继承。而那句"正是现在，一切都昭然于天下了"，则意味着彻底放弃了虚无主义。在中国文学研究会乃至竹内的思想里，右翼亚洲主义原本是不亚于虚无主义的，如今则完全占据了压倒性优势，并走向了台前。时至今日我再次引用此文，依然能够感受到：这份宣言，诚可谓竹内思想的忠实体现。

　　历史往往是由一个行为所决定的。我们今天的狐疑，将会使我们置身于明日的历史之外。能否使这场战争真的为民族解放而战，取决于东亚诸民族今日的决意。

_____

[1] 近代日本语境中的"亚洲主义"并非以良性健康的亚洲观为基础，而是宣扬"亚洲各国以日本为盟主团结起来"的主旨，用来使侵略正当化。

不言而喻，战争的困难是有目共睹的。但这些困难是可以依靠我们回归历史的自觉来加以克服的。通过战争的不同阶段，我们不得不反复地脱胎换骨。旧势力正在迅速地没落下去，那些不纯粹的、软弱的、卑屈的东西，都必须加以淘汰。为了赢得战争的胜利，我们必须毫无畏惧地向所有的矛盾和谎言宣战。

我们热爱中国。我们与中国携手共进。我们一旦应征入伍，就要勇敢地与敌人作战。行止坐卧，无法设想除了中国以外还对什么负有责任。今日的我们基于对东亚解放战争的决意，重新否定了曾经自我否定了的自己。我们通过双重否定把自己置于正确的位置。我们恢复了自信。为了把东亚解放到新秩序的世界中去，从今以后，我们要在自己的岗位上恪尽微薄之力。我们研究中国，和中国正确的解放者协作，让我们日本国民了解真正的中国。要驱逐那些似是而非的中国通、中国学者、没有操守的中国放浪者，为日中两国的万年共荣而献身。由此，我们才能够补偿长久以来自身软弱和迷茫所造成的损失，尽到光荣的国民责任。

中国文学研究会的一千位会员诸君，我们今天面对着非常事态，必须为困难的建设性战斗而努力。道路虽长，前途光明。让我们携起手来，为实现理想而前进。

侧耳倾听，不是可以听到那划破夜空的远雷般轰鸣吗？不久黎明就要到来。我们的世界将要在我们的面前，被我们的双手建造出来。诸君，现在我们要在新的决意下战斗了！诸君，让我们共赴战场吧！（同上）

以上，宣言的全文一字未省，全部引用了过来。之所以要这么做，是因为在我看来它成了日后竹内的思想基础。

该宣言的特质在于对现实的把握不足。其中所做的预言，在现实中根本没有实现。若观察战争期间"大东亚建设"的实情，竹内自己也应该能够想象到预言的落空。随着战争的失败，他的预言最终化为了泡影。于是竹内认识到：为一种新价值命题所做的预言和对现实发展所做的预言，应该是有所区别的。因此到了战后，他便带着痛苦将此种认识编入了自己的方法之中。

竹内在战后作为言论家开展了各种活动，但这份宣言却没有被掩盖起来，反而被收录进《日本与中国之间》（1973年）之中。正是这种自我检讨，成了他此后活动的主要内容。与之类似，当时的梯明秀也曾在没有任何外部强迫、完全出于自愿的状态下前往检察厅取回自己战时发表的转向声明并进行了公开表态，而大熊信行则通过撰写《告白》反思了自己在战时迎合报刊媒体的行为。

我们在宣言中能够看到，竹内曾将自己定位成国民的一员并渴望积极投身"大东亚战争"。战后，他曾尝试将这一事实纳入自己的言论基础中去。这种想法是尤为重要的。

1945 年 8 月 15 日的战败投降，迫使日本的舆论领袖们不得不采取措施来顺应新的形势。战后动用少量兵力实施间接占领的美军认为：战争的责任完全在于军部以及与之勾结的部分领导人，日本国民也是受害者。这一观点，被当时的舆论家和知识分子们所接受。于是在此后很长一段时间里，日本的舆论界便一直将其作为叙事框架，以致美军结束对日占领[1] 依然给知识分子留下了深刻影响。而竹内在战后的活动之所以吸引众人目光，正是因为他在写作上付出了巨大努力，还原了日本国民主动配合战争的事实。也正是以此为基础，他那篇《中国人的抗战意识与日本人的道德意识》才会给当时的舆论界带来标新立异之感。

他对中江丑吉（专注于观察研究中国，战争末期死去）、石桥湛山（始终主张发展明治末年形成的"小日本主义"）的高评，在撰写宣言的当时是完全不可能发生的。同时，他也牢牢记住了辻润那种在战时写着令人厌恶的疲软文章，最终失去写作能力，作为虚无主义者孤独饿死的画面。竹内正

---

[1] 1951 年旧金山会议签署对日媾和条约后，美方结束对日占领。

是把这些人置于视野之中，思考着日本国民，提倡着国民文学论，对日本文化与中国文化展开比较，对近代超克论加以重考并投身于安保运动之中的。而在这些活动的背后，持续发挥作用的便是当年的宣言。

我们回到那篇宣言来看看其中的这句话：

> 通过战争的不同阶段，我们不得不反复地脱胎换骨。

这句话在 14 个月后的另一篇文章里又得到了延续。

> 我始终坚信，大东亚的文化只有通过日本文化否定日本文化自身才能形成。日本文化，必须通过自我的否定来发展成为世界文化。正因为它是"无"，所以必然会拥有一切。[1] 对"无"的回归意味着在自我的内部描绘出世界。日本文化作为日本文化而存在，其理由并不是要创造历史。因为这会反过来导致日本文化的固定化、官僚化，从而使其存在的本源趋于干涸。我们必须打倒文化的自我保存主义。除此以外别无他途。（《〈中国文学〉的停刊与我》，《中国文学》第 92 号，1943 年 3 月）

---

[1] 竹内的此句表达或许能反映出西田哲学中"绝对无"思想的影响。

在竹内发表宣言之后，以及撰写这篇关于停刊的文章之前，是不是曾经发生过什么事情呢？答案应该是肯定的。当时主要发生的大事件便是所谓"大东亚文学者大会"的召开。

在战争时期，竹内曾加入了日本文学报国会[1]，并将其视作一种战时的行业工会。彼时，日本文学报国会以其会长（德富苏峰）的名义向中国文学研究会发去了一封关于"协助举办大东亚文学者大会"的邀请函。同时，担任干事的奥野信太郎还专门拜访了竹内，向其当面提出了协助办会的请求。奥野说，不知道是否还有其他类似专业团体的存在，但总之，中国文学研究会作为日本唯一的现代中国文学研究团体，若不来参加大会将是非常遗憾的事情。然而，竹内拒绝了。他当时是这样考虑的：

> 对我个人来说倒是无所谓，但中国文学研究会毕竟带有公众性质，就其传统而言，是不能去帮政府抬轿子的。（《关于大东亚文学者大会》，《中国文学》第 89 号，1942 年 11 月）

他进而又写道：

---

[1] 二战期间于 1942 年 5 月成立的团体，由德富苏峰出任会长。

　　对于来参加这次大会的各位，我没有半点不满的意思。据我所知，大家都是非常优秀的。尤其从华北来的一行人，皆是我的旧知。有我过去的老师，也有亲友，甚至还有一起喝过酒的朋友。对于重逢叙旧一事，我真是怀着满心的期待。虽然私情让我痛不欲生，但终究，在此种场合更应该做到公私分明。从绝对的立场而言，这是相信今天的文学还是不相信的问题。其他层面我不清楚，但至少在日中两国层面，我觉得日本文学的代表和中国文学的代表共同参加此次大会，并不是一件光彩的事情。对日本文学如此，对中国文学亦如此。我之所以这么觉得，是因为确信将来会举办一场更加完美的大会。换言之，是因为确信在文学上也能够发生 12 月 8 日那样的事情。[1] 为了将来的这一天，日本文学报国会现在这么做也是可以接受的。很遗憾我在这里无法展开详述，但是本刊的读者对于事情的原委应该已能大致了解。受到操控的中国文学是非常令人痛心的。希望历史可以铭记：在昭和十七年（1942 年）的某月某日，日本文学报国会曾经举办过一次大会，中国文学研究会没有参与，而这种不参与的行为在当时反倒是最能为百年

---

[1]　指日本偷袭珍珠港，挑起太平洋战争并对英美等国宣战。

之后的日本文学做出贡献的一种方法。是故，谨将事情的经过略记如上。（1942 年 10 月 31 日）（同上）

即便在这篇文章里，竹内仍不打算否定《大东亚战争与吾等的决意》。不过，同时面对 12 月 8 日与大东亚文学者大会，他的立场是艰难的。大东亚文学者大会使用的唯一官方语言是日语，而从亚洲各地被请来的文学者则有种迎合日本政府政策的色彩。此种对政治的迎合和文学会发生怎样的关系呢？

竹内曾认为，自己创办中国文学研究会并倾注大量心血付出的努力全部归于失败。可以说那时站在他面前的，正是他大学毕业论文里研究过的郁达夫，以及业已辞世的鲁迅。

十　鲁迅之墓

竹内刚开始关注中国现代文学时，曾把目光投向了创造社的张资平、郁达夫、郭沫若。而与创造社对立的鲁迅则被其放在了角落里。比起鲁迅的作品，茅盾的长篇小说更吸引他。

竹内当时在《中国文学月报》上所写的论文，相继介绍了身在日本的沉樱、梁宗岱、谢冰莹、郁达夫、海戈、沈从文、茅盾。直到1936年11月号才终于提到了同年10月19日逝世的鲁迅。即撰写了一篇《鲁迅论》并翻译了他的散文作品《死》。

竹内最初的鲁迅论（《中国文学月报》1936年11月号）曾将鲁迅定位成一位辩论家，并对其做了如下评价："若要对他人挥刀相向，还是温柔一些为好。"之所以这么说，是因为鲁迅对于自己内心的阴影，总是残酷且执拗的。这一点能够从竹内日后的鲁迅论中直观地看到。然而与此同时，在冷静开展革命文学的鲁迅看来，他自己经由"自由大同盟"

于 20 世纪 30 年代加入左联（中国左翼作家联盟）的时候，
扮演的却是阿 Q 的角色。

> 　　因此，鲁迅在自身陷入的挣扎中，即便要去追求和
> 现实世界隔绝的文学之绝对价值，他作为"作家"那难
> 以忘却的旧梦或许依然是无法忽视的。可以说，那是一
> 种因无法忘却自己 20 世纪 30 年代被毁之肉体，而产生
> 的精神的悲痛性发狂。现实世界的文学，归根结底只会
> 是满足我们"文化指导者"欲求的东西。（《鲁迅论》）

真是一段挖苦之辞。

在"大东亚战争"爆发后的 1942 年 2—3 月，竹内曾以
"回教圈研究所"所员的身份从北京去往上海。当时其旧友幼
方直吉正在沪上，且对当时情形做了记录。

> 　　然而，他（指竹内好——引注）在上海滞留期间的
> 活动里，最为重要的一项落在了《旅日记抄（3）》上。
> 　　里面主要涉及去上海郊外鲁迅之墓的事情。所以竹
> 内到上海之后跟我说要去鲁迅的墓地看看也是理所当然
> 的。我也没有去过鲁迅之墓，因此就带着他和几位好友
> 一起去了。当时正是 3 月下旬，天气比较暖和。此前我

们已经得知，那个万国公墓位于法国租界的西郊，从租界出发徒步约二十分钟就能到达。但那个地区已变成了游击区，白天只能尽量躲着走，也不敢随身携带扫墓用的鲜花。穿过法国租界之后，附近的农村地区有着和日本农村类似的美景，但我们仍然感到十分紧张。不久便到达了墓地入口，那里有一幢楼房是问讯处，一个人也没有，整个墓地出奇地安静。于是我们径直走了进去，正面便是一座巨大的坟墓。凑近一看，原来是浙江财阀宋家之墓。绕过去再往里面走，看到那边排列着不少较小的坟墓。依然是广阔而寂静的氛围。因为找不到附近可以咨询的人，我们只好在那里走来走去，好不容易在一个角落发现了鲁迅之墓。它和旁边的坟墓一样，很小，也很不起眼。但是从正面观察这个墓时，包括竹内在内，我们都大吃一惊。墓碑上镶嵌的鲁迅陶制肖像已被无情地砸坏了，只留下可怜的一半。竹内随后只是一言不发地默默盯着，那场景给我留下了深刻的印象。墓前什么也没有，也看不出有人来祭拜过的样子，实在是非常悲凉。倍感震惊的我们，在墓前几乎没有了闲聊的心情，都在默哀。然后竹内提议：我们给这个墓拍个照片吧。恰好同行的朋友里有一个人带了相机。他便借来从正面拍了一张，接着一行五人又站在墓前拍了一张纪

念照。（幼方直吉：《上海的竹内好：1942年》，《竹内好文集》第3卷月报，1981年3月）

当时拍摄的照片刊载在《竹内好全集》第3卷的月报上。那上面只剩下鲁迅肖像的额头，面部被砸坏许多，开了一个大洞。

临近天黑，竹内和我们终于实现了长期以来拜访鲁迅之墓的夙愿，同时又带着对现状倍感震惊之情，开始穿越熙熙攘攘的法国租界，踏上了归途。大家一路上仍是沉默的。（同上）

去扫墓的竹内，正是此前一年在《中国文学》上发表肯定"大东亚战争"之宣言的那个人。他果断地选择了这条路。但同时也不会因为做了此种决断而忘却自己曾经抛弃的东西。竹内在做了决定并将这一决定公开之后，并不会因此而固执地认为自己的决定是毫无错误的，也不会刻意去掩饰其预言的荒谬。他不是这样的人。正是这点，使其成了一个他人无法取代的思想家。

在日军的占领下，鲁迅即便死去了，其遭受的屈辱也依然存在。竹内在《鲁迅》里所写的文字，或许正飘荡着他当时沉默低头之际的种种思绪吧。

之所以这么说，是因为战争结束后得以回国的他，曾将自己的战争体验作为一种"屈辱的事件"写进了那篇言辞激烈的随笔里。(《世界》1953年8月号，收录于《竹内好全集》第13卷)。他的这种屈辱，和1942年在万国公墓所看到的鲁迅遭受的屈辱，并不是毫无关系的。(同上)

这座日本占领下遭到破坏的鲁迅之墓，在竹内被征召入伍前所写的《鲁迅》(日本评论社，1944年)中留下了影子。

而且在此前的那篇《鲁迅论》里，竹内就已经对鲁迅那种"想要保护文学不受政治侵犯"的姿态产生了共鸣。

令人恐惧的俗论，把鲁迅塑造成了先觉者。若要把鲁迅视作英雄，那么可以说正是因为相反的理由。正是因为能接受分裂的自我，这种平庸才使他成了英雄。(《鲁迅论》，1936年11月)

这一立论即便过去了半个世纪，在中国革命政权成立之后鲁迅被定位成权威的如今，依然能够成为一种尖锐的批评。

在第二篇鲁迅论中，竹内写下了鲁迅的变化。

> 或许鲁迅变了。但对我而言，比他的变化更显重要的是，通过变化所展现出来的本质上的回心。（《政治与文学》，《鲁迅》）

写下这篇文章的时候，竹内已经把《大东亚战争与吾等的决意》（1942年1月）作为中国文学研究会的宣言发表了出来，并下定了支持日本国家方针、支持"大东亚战争"的决心，与此同时却又决定不参加日本政府主办的大东亚文学者大会。进而在此后不久，就连中国文学研究会自身也因为内部党派性的变质逐渐走向了解散。这些，实际上都是和其鲁迅论有所关联的。

> 文学赖以生根发芽的地方，通常都会被政治所包围。这对于文学的开花结果来说，当然是一个极为恶劣的自然条件。但是，由此培育出来的花朵却不会纤弱，而是劲秀长存的。我从现代中国文学那里，从鲁迅那里，看到了这一点。（同上）

能够对抗政治的，也必须是政治。若要认为文学拥有与之对抗的力量，将是一种谬误。出于现实中的战争目的（在竹内看来是正确的战争）而撰写文学作品，是不符合文学之道的。竹内在中日战争时期曾热衷于阅读冈本加乃子的《老妓抄》和《生生流转》。爆发"大东亚战争"之后，又经常读太宰治等人的作品。如果把《鲁迅》后续内容中所有"革命"一词替换为"战争"，那么他当时的内心所向应是一目了然的。在临近入伍出征时写下关于革命的文章，能让我们听到他那倍感迫切的呼吸声。

那个时代是革命的时代，认为有助于革命的文学才是文学，类似这样的论调在社会上公然流行并得到了广泛支持。对此，鲁迅提出了反对意见。此种情况也发生在他晚年"救国"之时。因此可以认为，这应该是他终生不变的主张。面对"革命"和"救国"时，文学是无力的。为什么呢？因为文学曾在军阀的面前无能为力，所以在革命面前也不可能是有力的。（同上）

在各种各样研究鲁迅的成果中，竹内对于李长之的长篇评论《鲁迅批判》是最为敬重的。该文认为：鲁迅思想从根本上说只是提出了"人必须活着"这一生物学的观念，并未形成什么思想体系，所以鲁迅称不上思想家。竹内是赞成这个意见的。甚至觉得从查尔斯·达尔文、托马斯·赫胥黎的进化论来看，鲁迅那种"人必须活着"的朴素信念也算不上生物学层面的理念。

所谓"人必须活着"（至少对于鲁迅，或曰对于如此理解鲁迅的竹内来说）并不是一个科学层面的命题。在撰写《鲁迅》之前写下的日记里，竹内曾记载过自己沉迷于女色的痛苦。对其而言，人活着首先是进食，如何赚钱，住在哪里，如何吸引女性而已。他自己就活在这些事情之中。但是，自己又不是作为个人的自我，并不清楚自己在多大程度上是自己。这里所谓的自我，说的不是以欧洲近代思想为前提的自我，而是指 20 世纪 30 年代竹内生活中的苦闷。正是为了应对此种苦闷，他选择了阅读鲁迅。

竹内为什么要把日记写得如此详细？他晚年整理出来的日记《转型期》，是为了供人阅读而写的。但在此之前的日记却并非如此。或许有一些是为了写作小说而留下的笔记。他曾设想创作一部以清末妓女为主角的小说，抑或是自己来写一部"战争与和平"，但最终未能实现。他在里面写鲁迅的小说很拙劣，因为这实际上是在感叹自己的拙劣。不过，除了这些为小说准备的笔记之外，竹内思想在当时现实环境中所发生的苦斗（用鲁迅的话来说即"挣扎"）却也作为其思想特色在其中生根发芽了。

　　拉尔夫·爱默生的日记曾记录了其思想的脉络。他的随笔里时常会冒出他从日记里抽取的格言，往往比日记更加难懂。或许对竹内而言，日记也是自身思想成长的一种现场记录吧。其中诉说了不同环境中的不同苦斗以及通过这些苦斗所探求的活路。

　　如此一来，就像被马克思的《资本论》完全征服那般，对于将抽象原理作为抽象命题加以构建的欧洲学问，竹内一边怀着敬意，一边对当时日本那种要全盘借来欧美近代抽象原理用作自身思想的做法表示愤怒。据说，竹内曾在东大研究室里寄放过一些藏书，战后复员回国后再去看时发现遗失了不少。于是他勃然大怒，亲自找来大板车运了回去（据幼方直吉所言）。但从其日记的记载来看，事实却并非如此，那不是他一时的气愤，而是和东大方面有过一段较长时间的交涉与抗议，他甚至曾认真考虑过起诉一事并通告了对方。日记还记载，在他没有收入而穷困潦倒之时，东大教授仓石武四郎曾到其家中拜访，问他是否愿意到东大担任副教授，结果遭到他当场拒绝。竹内之所以这么做，是因为想到自己出于贫困而进入东大并最终毕业，另一方面家境优沃的武田泰淳却选择了退学。此种自卑之感，跟随了他一生。

　　正是这种感情，在竹内思想中发挥过重要作用。但它并不像某些理论那样具有整合性。在战时撰写的《鲁迅》里，竹内曾借用西田几多郎的概念，写了"矛盾性自我同一"之类的词。到了1952年该书作为创元社文库的其中一册再版时，他意识到这句话是借来的，便特意添加了注释，说自己是用词不当。

> 注十二：此种从西田哲学借来的用词散见于书中，是本人当时的读书倾向所致。如今看来，真反映了我思想的贫乏。我并没有严谨地使用西田哲学中的概念及其用语。（《鲁迅》自注，创元社文库版，亦收录于1961年刊行的未来社版中）

从小学时代起，竹内家里就很贫困，他甚至曾为自己带去学校的便当不如他人而苦恼。竹内一直想吃煎鸡蛋，母亲就把家境状况告诉了他，说是条件不允许。所以他始终是一个对食物好吃还是不好吃颇为敏感的人。看到好吃的就想吃，看到好的女人就想发生关系，喜欢抽烟，想喝酒喝到失去意识，直到青年时代竹内都是这么过来的。关于这些事情，他完全没有一丝隐瞒，全部写进了日记里，进而又超越了这些生活上的行为，开始追求理想。在决意支持"大东亚战争"后，竹内没有全盘接受日本政府的政策，而是考虑到自己和朋友们可能遭遇的麻烦和危险，决定不让中国文学研

究会参与大东亚文学者大会，进而在不久后宣布解散。即使
赞成日美开战，他也没有改变自己长期以来批判日本武力侵
略中国的态度。竹内曾说自己得到了幸运的眷顾，没有在中
国战场上被人杀掉。他是带着苦涩之情出征中国的。

　　那么，竹内好为何在出征之前仅撰写了一本关于鲁迅的
书籍呢？

　　　我想写的，是在我想象之中的那个名为鲁迅的人。
（《关于传记的疑问》，《鲁迅》）

　　竹内在阅读鲁迅著作的同时思考着自己的问题，并尝试
用自己所想象的"鲁迅"来加以解决。他要挑战的，是在撰
写此书的"大东亚战争"期间，自己如何来解决鲁迅所面对
的问题。对其而言，《鲁迅》是他认知中的日本现状，其中
有着他自己的理想。在他看来，鲁迅的思想实际上是一种不
具备宗教形态的"赎罪"。

十一　士兵的步调

竹内于 1934 年（昭和九年）5 月 16 日接受了征兵体检，被判定为"第二类乙种合格"。

1943 年（昭和十八年）12 月 1 日，征召令便送来了。接下来的事情，参照久米旺生所撰《年谱》（《竹内好全集》第 17 卷，1982 年）梳理如下。

12 月 4 日，进入千叶县印旛郡佐仓町东部第 64 部队，成为华中派遣独立混成第 17 旅团（通称号[1]"峰部队"）的补充兵。作为一名三十三岁的陆军二等兵[2]，他也算得上老兵了。

12 月 10 日从佐仓启程，28 日抵达中国的湖北咸宁，配属于步兵第 88 大队。任务是负责广州至汉口间铁道[3]的警备。

---

[1] 日军为隐匿部队正式名称而使用的一种暗号名，又称秘匿号。
[2] 日军士兵的军衔由高到低依次为：兵长、上等兵、一等兵、二等兵。
[3] 即当时的粤汉铁路。

1944 年 3 月，竹内曾接受过一段时间的暗号手培训，但由于缺乏搬送器材的体力而遭淘汰。5 月起，作为一名受领兵（传令兵）被调往湖南省华容县北景港的大队本部。不过在 6 月的作战行动期间又被取消了传令任务，安插进了机枪队。这支被称作"峰部队"的独立混成旅团，完全是由老兵和学生兵组成的弱旅，所以大多数情况下不会被派往战场第一线。但就在当月，他们和中方发生了正面交火："第一轮交战中，小队长战死，第二轮交战则是小规模冲突。目睹了被地雷炸得血肉横飞的遗骸。敌人没有杀死我。我在行军途中以掉队而闻名。甚至还曾从马背上摔下来昏了过去。同时也受过痢疾之苦。"（竹内本人谈）

7 月，竹内被调往北景港的大队本部指挥所，隶属于宣抚班 [1]，任务是建立日语学校，同时也从事一些中文教育。

1945 年 5 月 10 日他又奉命前往旅团司令部，于同月底进入了湖南岳阳的报道班，充当中文教育的助手。最终，竹内在当地迎来了 8 月 15 日日本的战败投降。在配合国民党军队完成接收之后，8 月 31 日他就地办理了退伍复员。根据《我的军队经历》（《群像》1963 年 8 月号）所载，那时他的军衔是陆军一等兵。

---

[1] 日军为了向占领区民众展开奴化宣传、收集情报而建立的组织。

9月，从岳阳前往汉口，并在那里和中国文学研究会的旧友谢冰莹重聚。10月10日从汉口前往武昌，担任第4野铁司令部铁道运营队（参与铁路工作的民间组织）[1]的临时翻译。

1946年1月10日，竹内在汉口市和平日报社的《和平日报》上发表了《不堪回首：献给谢冰莹先生》一文。这可以说是他在战后所写的第一篇文章。随后至6月26日，竹内最终返回了日本。由于他当时是在品川车站下车的，所以去东京车站迎接他的妹妹竹内贞子没能接到他，竹内便到目黑的武田泰淳家里暂住了一晚。27日，竹内才由武田引路，回到了其家人迁居后的所在地（浦和市北浦和町一丁目九二番地，渡边家，即竹内妹妹的婆家）。

竹内是作为独立混成旅团司令部报道班的一名陆军一等兵，在洞庭湖边的岳阳迎来8月15日战败投降的。那时，他早已不是发表《大东亚战争与吾等的决意》的那个他了。

我当时猜想：天皇的广播究竟是要宣布投降，还是要鼓励大家继续战斗。最终，还是觉得后者的可能性更

---

[1] 当时已缴械投降的日军为了实现顺利遣返，颇为重视铁路的修复。

大。这显然高估了日本的法西斯主义。我虽然曾预想过战败投降，但没想到日本的投降竟是如此上下一致。那时设想的桥段是：美军实施登陆，引发了日本主战派、主和派之间的权力分裂，然后便是一场剧烈的革命运动席卷全国。由此导致全国人口减少一半。而失去了最高统帅之后，派驻各地的部队便成了孤立的单位。甚至开始幻想自己在沦为游击队的军队里会被分派怎样的任务，打算要认真地思考一番。真是一种浪漫主义、世界主义（Cosmopolitanism）。不过，天皇的广播却让我失望了，以至于对什么都看不顺眼。几乎没有任何获得解放的喜悦，抑或是得以生还的喜悦。现在看来，我当时真是已经丢失了人性。（《屈辱的事件》，《世界》1953 年 8 月号）

竹内把自己评价为浪漫主义者、世界主义者。此种具有两面性的自我认知，一方面和"大东亚战争"爆发以前的他完全错位，另一方面用来形容经历了战时苦涩并丢失人性的战后竹内又是极为恰当的。因为此后让他一举成名的"国民文学论"和近代主义批判，正是一种兼具浪漫主义、世界主义色彩的东西。

在战败投降的当天，远离主力部队的"峰部队"司令部报道班里实际上没几个人，他们不久便返回了原部队，并在那里开始过起了和战争时期完全一样的、有规律的军旅生活。

　　当时军官里有一个更加厉害的人物：我们过去的中队长。他和我差不多是同时进入大队本部的，然后便晋升至旅团参谋。他是东京郊外一个著名神社的神官之子，大学也已毕业。我刚进部队的时候就被他揍了一顿，然后还和我的佩刀一起，被他从河堤上推了下去。中队长可不是一般的角色，能够直接掌管部队。这个家伙虽然有时蛮不讲理，但工作做得挺不错的。我虽然欣赏他的蛮不讲理，却非常厌恶他那过于偏执的残忍。就是他，在作战的时候让我这个二等兵承担了传令的任务。

　　在战争结束之后，军队的规律并没有马上被打乱。有一天早上要挨个点名，是由他来主持的。没想到他竟然穿着披风（当时是夏季，穿披风挺奇怪的，但我记得是这个模样）来到了队伍的前面。和往常一样带着大家齐诵《军人敕谕》时，他用了非常奇怪的语调："我国之稜威若不振，汝辈当与朕共其忧。"这让我非常吃惊。明明可以若无其事一口气念过去的敕谕，却给人造成了一种紧迫之感，让我不得不对明治精神重新进行反思。

　　但另一方面，当这个军官偷偷来问我"何谓民主主义"时，我又是非常愉快的，便引用明治天皇的"五条誓

文"[1]给他解释了一遍自己也觉得靠不住的定义。（同上）

可以看到，作为东大毕业的报道班一员，竹内在 8 月 15 日之后还曾超脱出军队秩序对《波茨坦公告》做过一番解释。不过，他那时没有采取跳出圈外、从外部观察日本的方法，而是选择借用明治维新的"五条誓文"来定义民主主义。这真是符合他的一贯做派。与此同时，竹内也从这名中队长朗读明治天皇《军人敕谕》的语调中得到了启发，思考起了以往未曾注意的明治精神。即，在决意振兴明治的新日本之际，明治天皇并非威风凛凛地伫立在那里，而是不住地向军人（从国民中选拔出来的年轻人们）呼唤着："我们还很弱小，多多努力吧。"在战后日本的经济快速成长期，竹内曾渴望在民间举办超脱出左翼与右翼之分的"明治维新百年祭"，其思想根源或许正在于此。他认为建设"明治国家"的运动，比起此后建立起来的"明治国家"（还包括在这个国家之下的大正、昭和时期的国民，竹内本人亦是其中一员），是更加重要的。他作为战败国日本的国民，在向中国

---

[1] 明治维新之初的 1868 年 4 月 6 日，日本明治天皇在紫宸殿发表了"五条誓文"，其内容是：一、广兴会议，万机决于公论；二、上下一心，大展经纶；三、官武一途，以至庶民，各遂其志，务使人心不倦；四、破旧来之陋习，基天地之公道；五、求知识于世界，大振皇基。

那种更高的道德意识脱帽致敬的同时，也站在日本国民的一隅，不断回溯着当年建设明治国家的"水源"，并决心用这股水源来清洗自己。

同样在《屈辱的事件》里，还曾有过如下文字：

> 8月15日，对我来说是个屈辱的事件。既是民族的屈辱，也是我本人的屈辱，是一场痛苦的回忆。回望波茨坦革命那艰苦的发展动向，我总是会痛切地思考"8月15日当时，日本是不是真的没有任何走向共和制的可能"。明明存在可能性，却没有付出努力将其转化为现实。在此点上，我们这一代给子孙留下了重担，是必须承担起连带责任的。
>
> 从记载来看，我们在8月15日之后甚至未曾积极主动地提出过释放政治犯的要求。无论从民族角度还是从个人角度而言，我们当时都可谓像傻子一样窝窝囊囊地迎来了8月15日。和朝鲜、中国相比，这是一件颇为难堪的事情；而和明治时代我们的祖父辈相比，则更是让人羞愧难当。
>
> 社会科学者们曾对日本的天皇制、法西斯主义有过分析。但是，顶着痛苦将已经融入我们骨血的天皇制完全清除出去的工作却还做得不够认真。如果能够把那些

"奴隶之血"一滴滴地挤出来，那么某一天早上，我们会猛然意识到：自己已成了一个自由的人。然而在这个方向上，我们的努力真是太不够了。这将妨碍我们把8月15日所具有的真正意味在整个历史中固定下来。

法西斯主义的耀武扬威让我们丢失了气力，但在朝鲜和中国，这却能反过来进一步激发其抵抗的力量。因此，在法西斯主义里陷于迷失状态的我们，并没有解除道德上的责任。如果8月15日能发出建设人民政府的宣言，哪怕声音极其微弱，哪怕运动走向了失败，也至少能够减轻几分如今的屈辱感吧。不过，这种事情并没有发生。或许那时我们业已失去了高贵的独立之心。作为统治民族的耀武扬威，让我们丢失了独立心，并在此种状态下跌落到了被统治的境地。今天，难道不就是这样的吗？（同上）

在质问"为何战败时未能考虑共和制"的问题上，竹内的浪漫主义已经展露无遗。正是此种浪漫主义，和世界主义一道，在战时、战后的竹内的作品与行动中如影随形。在思考"国民"的时候，他作为国民的一员，始终没有放弃那不可能实现的共和制的梦想，也没有放弃跨出国境作为"自由人"迈向世界的梦想。

竹内那句"已经融入我们骨血的天皇制",和十余年后在随笔《权力与艺术》(1958年4月)里描写现代日本风景的"一草一木皆有天皇制"是彼此呼应的。意即:由于内心深处存在着天皇制,所以外界的一草一木看起来也都含有天皇制了。此时,他绝不是作为一名旁观者在看日本的风景。因为正是日本的这种风景,曾让他暂时忘却了对侵略中国行为的厌恶,转向了对"大东亚战争"的肯定,那弥散于全日本的集团性热浪(竹内将其称为"内部的天皇制")在其记忆中被重新唤醒。对此,竹内没有选择跳到局外以否定整体,而是采取了继续将自己置身其中的方法。

当国民加入侵略战争之时,脱离这一趋势的人自然值得肯定,但是还有一种行为方式是,虽然知道必然失败,却跟国家一起走上了这条路。这种判断很难说具有社会科学性质,不过也算是一种思想上的立场。而且,当国民在国家(其实是当时的日本政府)的命令下集结为一亿同心的状态时,他拒绝这种集结,作为一个异端分子身处其间。这是一个保持了对抗政府能量的个人,是一个怀抱着立足于国家之外这种异端梦想的国民。这就是竹内好对国民的理解方式,很难把这种方式简单归类为民族主义。浪漫主义和世界主义,乃至定睛凝视国家对立与灭亡的虚无主义都包含其间,同时,也在相互争斗着。

十二　回教[1]圏研究所

[1] 回教为伊斯兰教在中国的旧称之一，现已不再使用。文中组织的命名以当时的
用语习惯为背景，故按日语汉字原文翻译。

接下来我们回溯到战争时期。1940年（昭和十五年）4月，竹内加入了回教圈研究所[1]，此后该身份一直持续至战败。

关于当时的情况，竹内曾有过如下记载：

我那时每周四都会去回教圈研究所。然后在自己家里做做杂志（《中国文学》——引注）的工作。此外还有两份教中文的兼职。昨天碰巧翻了翻当时的日记，发现每月收入全部加起来有170日元。其中会留下70日元作为自己零用，往家里送去100日元。日记里说生活费出现了约100日元的赤字，所以当时家里的开销应该是200日元。家里有我、我的母亲也就是继母，以及妹

---

[1] 该研究所建立于1938年3月，最初名为"回教圈考究所"。

妹三人。弟弟出去当兵了。乍看 200 日元的开销可能有些奢侈，其实是因为那时的物价已经变得相当高了。大学刚毕业的人，收入差不多接近 100 日元。和今天一样，算是一种慢性的通货膨胀吧。

我整理父亲遗产花了约一年时间。所谓的遗产，其实是负面遗产。原本想着，若不申请有限继承权就来不及还清了，却没想到整理一下居然还剩下不少钱。于是就用这些钱填补了此前的赤字。还想着这笔钱够我用个一两年的，可以在此期间重新收拾一下自己，结果我没过多久就被拉到军队里去了。（《回教圈研究所的就职：我的回想》,《第三文明》1975 年 10—11 月号）

回教圈研究所位于白金三光町，还负责管理名为"善邻协会"的国策团体。

当时日本从"国策"角度出发，认为有必要对回教圈加以了解，所以外务省出版了杂志《回教事情》，而亲近陆军政策的大日本回教协会也发行了杂志《回教世界》。除此之外，便是该研究所的杂志《回教圈》了。竹内曾在该杂志的 1941 年 3 月号上发表了《顾颉刚和回教问题》，分析了中国的民族情况。

回教圈研究所所长是大久保幸次。他那时是日本唯一的土耳其语专家，和作为德川家后嗣、曾任土耳其大使的德川家正关系很好，因此得到了其大力支持，并让所员们放手展开研究。

在亚洲地区，如今的印度尼西亚、印度、巴基斯坦、马来西亚等地有着大量回教徒。那时日本鼓吹建立"大东亚共荣圈"，故为了向南方发展，极有必要对回教徒展开分析和考察。而中国方面，从内蒙古到新疆一带也有不少回教徒。因此日本陆军方面便策划阴谋，想煽动一批人去发动分离、独立的运动。其目的正是分裂中国。军部曾要求回教圈研究所也从事有利于此项政策的研究工作，但所长大久保幸次因为背后得到了德川家正这位贵族、外交官的支持，一直坚持抵抗着来自军方的压力。

回教圈研究所的研究员大约有十人。以往一直有"不向学问以外势力屈服"的学风，并且延续到了战争时期。但此后却一个接一个地被警察带走，甚至东京原宿的特高也到研究所里来了。野原四郎[1]就是当时被带走的其中一人，他于战争末期被逮捕，直至战后才终于得到释放。

当时研究所里非常盛行外语的学习，譬如，外务省亚洲局的川崎寅雄曾给大家开过阿拉伯语课，竹内还跟着一起学

---

[1] 野原四郎（1903—1981），日本历史学者，主要研究中国近现代史。

过。此外他也接触了土耳其语、波斯语等。竹内则教他们讲中文。

大久保那时还是单身，所以经常和竹内一起喝酒。竹内也很喜欢研究所，还曾在日后写过一段回忆："上大学后我就什么也没学到，因此除了中国文学研究会，这个研究所就是我唯一的锻炼场。"（《转型期：战后日记抄》，创树社，1974年）

野原四郎自研究所创立之初便是研究员。换言之，他比竹内早两年加入，1940年（昭和十五年）已在所里。在回顾竹内当时的风貌时，野原曾说了这样一番话：

> 竹内从很早以前就不太擅长和人打交道。每次他在场时，不知怎么的，总让人感觉很拘束。尤其是想掩饰自己反倒弄巧成拙的时候。你家亲戚里是不是也有这样的人？就是那种不善交谈的人。他就属于那种人。（野原四郎：《竹内回想》，鲁迅友之会编：《追悼 竹内好》，鲁迅友之会出版，1978年）

野原还说，竹内从那时起就已经对近代理性主义产生了深深的不信感："我感觉他那种念头，一直没变过。"（同上）

十三　沉迷于太宰治

太宰治的作品，是战争时期竹内最爱读的日本文学作品。

他1940年读过《东京八景》之后深感震惊，所以接下来又先后拜读了《新哈姆雷特》《正义与微笑》《右大臣实朝》以及各种篇幅较小的文章，甚至把太宰的著作几乎全部收齐了。这种对太宰的沉迷与热情一直持续到竹内1943年出征之时。

> 那些过去的作家另当别论，至少在同时代的作家里，能让我倍感亲近的唯有太宰治一人而已。(《备忘两则》，《尤里卡》1975年3—4月合并号)

那个时候日本已成立了大政翼赞会，不再有执政党和在野党的区分，[1] 所有的政党都汇入了支持政府的大政翼赞运

---

[1] 日本于1940年打着"一国一党、举国一致"等旗号勒令所有政党解散，全部纳入大政翼赞会之中。由时任首相近卫文麿出任"总裁"。

动之中。因此，作为年轻作家的太宰治能够不顾这些政治的喧嚣而坚持用自己的文体不断写出内心想法，势必会吸引竹内的目光。

我究竟在追求什么呢？换言之，当时我在太宰治那里发现了什么呢？若省略掉烦琐的赘述，仅从一定程度上通俗地说，那或许应该是一种反叛性、一种反时代性。我在成年以后，一直为了寻找这个时机而不断地彷徨、摸索，反复经历了满足和失望。事到如今，终于感觉它到来了。

之所以要在这里用反叛、反时代之类的词，不仅是因为其与时代的大背景相关。实际上也包括了内部的东西，包括了我自己。也就是说，包含着外在表现、表现方法，抑或极端地说，和文体的创新大体保持同义。（同上）

我私下里把自己视作太宰治的理解者。我的人际网络比较狭小，但只要遇到朋友，都会不住地夸奖太宰治。（《太宰治》，《太宰治全集》第3卷月报，筑摩书房，1957年12月20日）

　　竹内曾于 1943 年夏天把《鲁迅》的部分文稿寄给《文学界》，并以《鲁迅的矛盾》为题发表了出来。结果他通过武田泰淳得知，有传闻称太宰治读过此文后给予了高评，遂获得了继续奋斗的动力。待该书全部完成并交付武田泰淳后，竹内便在其出版赠书名单里写上了太宰的名字，随后就从军出征了。太宰在读过之后，曾撰写发表过一篇有关鲁迅形象的文章《惜别》。他在这篇文章的末尾，把竹内的《鲁迅》作为参考书目列了进去。

　　竹内是在战败复员后才读到太宰治《惜别》一文的。不过，他却在《藤野先生》(《近代文学》1947 年 2—3 月合并号) 里面表达了自己对此文的不满。

　　竹内当时所有的不满全都集中在一个问题上，即太宰治在文中提到：鲁迅在仙台的医学校收到学生干部诽谤他的书信，说中国人明明低能却考了高分，肯定是得到了老师的偏袒；藤野老师在鲁迅离开仙台时曾送给他一张自己的照片，并写上了"惜别"二字。对于这些事情，太宰在文中的分析居然是："由于对鲁迅所受之屈辱先生没有产生太大共鸣，爱憎之间并未分化，所以作者原本想要描述的爱，似乎没能在这部作品中得到反映。"

　　太宰和竹内不同，未能感受到那种日本人因贬低中国人而遭到极度厌恶的情境。不仅如此，在预感到日本即将战败投降之际，太宰还有些为日本而神伤的样子，甚至认为背负着战败重担的国民依然对天皇表示忠诚是一种美的表现。这和战败后太宰坚持满口称赞天皇是相互呼应的。但是复员回国的竹内，对日本人的感情却已撕裂成了深厚的爱与憎（因为爱之深所以憎之切），对他而言太宰的做法是难以坦然接受的。作为事后的反省，竹内还提到：战后自己又重读了一遍战时已读过的坂口安吾的《黑谷村》并感触良深，记得在太宰治去世后，坂口安吾曾对其文体做了"虚弱"的评价（《备忘两则》）。可以说，中江丑吉、坂口安吾、矢内原忠雄、明石顺三以及竹内好等人对自己同胞这种长期持续的、强烈的厌恶之情，对太宰来说是无法忍受的。

可以想象，他对《藤野先生》中那位卑劣的学生干部只字不提，仅想讨论藤野先生并给其穿上"日本人"或"我"的衣服，或许是源自一种想成为好学生的想法。（《藤野先生》）

正如竹内所言，太宰的《惜别》是对鲁迅《藤野先生》的误读。尤其是没有看到其背后对日本人的憎恶。不过这个误读里也有竹内没有看到的东西，所以不可一概而论。例如鲁迅对民众不关心政治的看法等，这在不久后催生了《阿Q

正传》。除了让对政治漠不关心的民众投身革命之外，当时还有另一条路，即尽量远离政治本身。中国文学研究者荒井健曾解读说：这种方向在太宰的《惜别》看来，几乎是唾手可得的。

　　阿Q是在辛亥革命时期被枪杀的。此后又过了三十余年，和他同样作为国家权力的牺牲品离开人世的美国青年——这是一位真实存在的人物——在其精神的幼稚程度上，可谓和阿Q半斤八两。这个诺曼底战场上"天真的逃兵"，爱德华·斯洛威克（Edward Donald Slovik）或许一直到死都未能真正理解第二次世界大战的历史性意义，即民主主义和法西斯主义的对决。

　　"斯洛威克曾留下三百七十六封书信。里面从未提到希特勒，也从未提过胜利、自由、祖国、民主主义等词。他不知道何谓战争，也不知道自己是为了什么而参战。（中略）在他的政治知识里，除了用来描述人类共同生活的两个单词以外别无其他。即'那些家伙'和'我们'。这，就是新兵斯洛威克对战场的唯一认知。他不明白前线会向何处延伸，只知道自己将死在前线。"[1]

---

[1] 恩岑斯伯格著，野村修译：《政治与犯罪》。——原注

这个不懂得憎恨纳粹士兵的人，曾在前线表现得非常英勇，却因为"策划敌前逃跑"之罪而被枪决，实现了所谓的"光荣战死"。他曾明确说过自己被处死一事的意义："那些家伙之所以要杀死我，不是因为我逃跑了"，"而是因为那些家伙需要有一个人来以儆效尤"，"就因为我在十二岁那年偷过口香糖和面包，那些家伙就要枪决我"（据说在第二次世界大战期间美军的逃兵共计约四万名，但遭处死的仅斯洛威克一人而已）。

奥威尔（George Orwell）在《民族主义的基本特征》[1]里曾讨论过民族主义，认为它是一种"对某种形式之正义的忠诚"。这显然和斯洛威克的认知是对立的。斯洛威克作为"思想落后"的波兰移民后裔，出于本能地无视了国家教科书上有关法西斯与民主对决的内容。所以，他是因为拒绝为民主主义的正义而战，最终遭到处决的。斯洛威克的敌人不是纳粹德国，而是通过一纸征召令，剥夺了他幸福生活（之虚像）的"那些家伙"。

如果认为阿Q也有着斯洛威克思想——"那些家伙"和"我们"——的萌芽，或许是妥当的。如果要在斯洛威克的思想里去寻找美国"民魂"的精髓，恐怕鲁

---

[1] 英文原名为 *Notes on Nationalism*，1945 年出版。

迅也未必会表示反对吧。然而在现实中，阿Q会成长为斯洛威克吗？鲁迅会希望阿Q成长为那样的人吗？回答有两种，但都是否定的。事实上，阿Q及其后裔受到国家教科书的影响而"提高了认知水准"，最终成为"具备向法西斯主义和帝国主义发起世界性斗争之开阔视野"的红军战士。[1] 在晚年时期原则上支持中共"抗日统一战线"的鲁迅，对此也应该不会提出异议。（荒井健：《两种鲁迅形象：竹内好和太宰治的场合》，桑原武夫编：《文学理论的研究》，岩波书店，1967年。）

从太宰治的《惜别》里，我们应该能够看到这种和竹内对鲁迅的解释有所不同的思考和理解。

太宰的眼睛紧盯着日本民众的内心，故对中国的民族感情是盲目的，不具备竹内那种要为民族赎罪的视点。正因有此盲点，太宰只能构建一种扭曲的鲁迅认识，同时也在"阿Q-斯洛威克"的脉络上给我们提供了思考鲁迅文学的可能性。这算是歪打正着吧，因为他那"风花雪月"的雅致似乎并未褪去。（同上）

---

[1] 谷良平译：《从内乱到革命》。——原注

荒井在这里提到鲁迅视野之外的"阿Q"，又把太宰在《惜别》里所做的理解作为线索，对竹内的认知展开了分析。

> 构建这一人物的鲁迅或许自己也没有料到，阿Q若再往深处发展个两三步，就会走到斯洛威克那里去。当然，鲁迅没有明示阿Q形象将要发展的方向，也未曾在自己的作品里阐释有关"民魂"的内容。但即便如此，仍可认为，他在某种意义上给未来留下了一个更为重要的课题。如果去搜索、确认鲁迅文学中尚未充分深掘出来的部分并尝试去批判性地超越鲁迅，那么真正能发挥巨大作用的东西，究竟是正解，还是那个误解呢？（同上）

十四　所谓战后的情况

回到日本之后，和继母一起居住在浦和的竹内为了应对战后出现的新形势，又开始撰写起文章来。为了能够确认自己的文章应该发表在何种类型的期刊上，他当时不顾生计上的拮据，频繁地借阅了大量杂志。但总体而言，结果是令人失望的。因为大部分写文章的人，都像战争从未发生过似的，重新拾起自己战前的思路展开了写作。对于战后重建的《中国文学》，竹内也颇感忧虑，于是开始向同人们不断呼吁"应该追究自身的战争责任"，最终招致了大家的反感。不久，其他杂志上便出现了批判竹内的文章，《中国文学》也再度迎来了停刊的命运。

　　然而，也不是没有文章能吸引竹内的注意。比如宫本百合子、羽仁五郎的文章，他就曾逐一拜读过。同时他也曾向丸山真男、花田清辉、诺曼等人的新发现表达了敬意。而中野重治的文章，他在战前、战时就曾读过，及至战后又为其新成果而感动。

〔1947 年 2 月 12 日〕

　　　　夜，阅读《展望》新年号上的中野小说《五勺酒》。
浓浓的中野风格，令人感铭颇深。弯弯绕绕，但却把人
引向了目光锐利的思考深渊。把对象设定为中学生并对
日本共产党的文化政策展开了批评。这种高尚的道德感
情让人赞同。也向我们传达了触及其内心问题（转向）
的痛楚。它和宫本（指宫本百合子——引注）放在一起
可互为表里。让人感到实际上无论选择哪一方都是无所
谓的。（《浦和日记》）

　　在这段时期，竹内已经先后撰写了三篇散文。即，《关
于指导者意识》《中国人的抗战意识与日本人的道德意识》
《中国的近代与日本的近代：以鲁迅为线索》。前两篇是受
《世界评论》之邀写成的。其中《关于指导者意识》一文的
邀约，并不是来自当时受日本共产党影响的杂志编辑部，而
是刊载在了真善美出版社那些不怕异议的共产党员花田清
辉、野间宏、关根弘所编的《综合文化》上。而《中国人的
抗战意识与日本人的道德意识》一文，则由于篇幅实在太长
而改在国土社出版、元山俊彦编辑的《知性》上发表。第三

篇《中国的近代与日本的近代：以鲁迅为线索》，是受饭冢浩二之邀于 1947 年 11 月 15 日在东京大学东洋文化研究所主办的演讲会上所做的发言，此后于 1948 年 11 月整理成文章，发表在了白日书院出版的《东洋文化讲座》第 3 卷。这三篇散文，都是以战败投降为切入点，对竹内自己所观察的日本文化展开了深入阐释。

首先是《关于指导者意识》。1947 年，担任民主主义文化联盟理事长的松本正雄曾撰文一篇，针对当时年轻女性在电车上翻阅战争时期杂志的事情展开了批判。而竹内的这篇文章则是对该文的批判。松本在文中强调，即便没有余力去购买新书，也不应该阅读战争时期那些落后性质的杂志。从这里，竹内发掘出了明治十年（1877 年）前后发展为日本文化之型的指导者意识。

在他看来，若坚信自己拥有正确无误的思想，同时非要拽着其他意见不同之人也趋同于这种思想，势必会切断他人自主性感想和思维的萌发。当时不仅是政府官员，立志解放人民的活动家们也带有这种倾向，所以竹内通过这篇文章发出了警告。

其次是《中国人的抗战意识与日本人的道德意识》。关于此文的主旨大要，本书在第一章已经有过介绍。那时是 1949 年，日本人民尚处在为衣食住发愁的时代。对于"日本败给了美国物资储备量"的战争观，很少有人会提出反对的意见。正如日译本的林语堂《北京好日》中提到的日本人掩盖鸦片交易那样，战后伊始的日本人仍未对中日战争形成正确的理解，此乃众所周知之事。因此，中国人和日本人在战争时期的实际感受究竟有多大差别，如何据此对日本人的自我认知加以修正便成了必要。

最后是《中国的近代与日本的近代：以鲁迅为线索》。这是竹内于1948年4月在东京大学东洋文化研究所做的一场演讲，其中对他的方法做了一个总体性的呈现："有学者认为提取某种观念就是科学，但他们只是活在科学这一观念里。文学者坚信文学能够提取出'人'，人也是能够被提取的。但他们只是把人硬塞进了文学而已。他们没有考虑到支撑并驱动他们的外部环境。"

那么同时代的日本究竟是怎样一种环境？自己在这种环境里该怎样生存下去呢？竹内提出了这些问题并给出了假说。

要按照自己的风格去收集资料并展开分析，就需要首先构建属于自己的定义。如此，抽象的概括才能够得到实感的支撑。

《关于指导者意识》《中国人的抗战意识与日本人的道德意识》《中国的近代与日本的近代：以鲁迅为线索》这三篇文章，就是以指导者、国民、近代三个概念为线索，尝试提出他对日本文化的看法。

日本社会的常识是：在国家内部生活的人叫作国民，所以国家是优先于国民而存在的。但是竹内的看法却与之相反，他认为应该首先有国民，然后才去建立国家并不断发展它。而国家，则应听取国民意见并对自身不断加以完善。在这一过程中，政党自然肩负着聆听国民要求并改善国家的任务，不能反过来向国民发号施令。例如战后日本共产党文化部就曾犯过此类错误。

在日本，指导者是脱离国民大众的。因此虽然其统治具有一定效率，但做不到尽善尽美。对于指导者来说，哪怕工作效率会受到一些负面影响，也应该听取国民的各种意见并与之保持沟通交流，这才是最重要的。这一政治理想意味着：战后日本知识分子里出现了一股巨大的潮流，即近代主义（Modernism）。[1]

所谓近代主义，换言之，即把民族放置或排斥在思考脉络之外。(《近代主义和民族之问题》,《文学》1951年9月号）

在那个时期，日本共产党正在开展大规模的近代主义批判。

---

[1] Modern 有近代、现代、近现代之意。故 Modernism 可理解为近代主义、现代主义等，此处根据日语原文译为"近代主义"。

但竹内却在这篇论文里把马克思主义归于近代主义的范畴，强调无产阶级文学是近代主义文学，给出了完全不同的定义。

竹内说，将民族明确置于课题中的，是战时的日本浪漫派。

> 包括马克思主义者在内的近代主义者们，曾躲开满身血污的民族主义绕道前行。他们把自己定位成受害者，不认为自己在民族主义极端化的问题上负有责任。对日本浪漫派白眼相向是没错的，但真正打倒日本浪漫派的并不是他们，而是外力。没必要将其粉饰得像是自己做的一样，也不应该对自己的力量盲目自信。否则，噩梦或许可以忘却，但血污永远洗刷不掉。（同上）

在竹内的启发下，此后不久，桥川文三也对日本浪漫派展开了分析和批判（桥川文三：《日本浪漫派批评序说》，1960年）。由于日本浪漫派也是文学中的一股潮流，所以这个问题还将广泛波及整个日本文化。日本国民曾支持国家的决定，呼应了标榜民族固有使命的"大东亚战争"。他们不是被指导者所欺骗蒙蔽的，而是主动投入到了总体战[1]之

---

[1] 又称总体战争（Total War），指集中国家一切力量进行的战争。

中。竹内的亲身经历可以充分佐证此点。那不仅是竹内个人的失败，也是日本国民的失败。战后率领小规模部队进驻日本的麦克阿瑟元帅，曾出于军事上的考虑否定了日本国民的战争责任，将其全部归咎于指导者。但即使共产主义者、社会主义者、自由主义者、进步知识分子接受了这一主张，这对于竹内来说，仍是难以赞同的。或者说，他绝不会赞同。其战后的愿望，是勇敢地面对自身的战争责任。

对于将日本的马克思主义、日本共产党、无产阶级文学作为一个整体纳入近代主义范畴并就其脆弱性展开批判一事，竹内是不会拒绝的。但与此同时，他也承认了近代主义的价值，敏感地发现了近代主义者里存在的优劣之分。他给自己设定了一个与近代主义为敌的立场，同时也作为一名近代主义潮流中的文学研究者承认了吉川幸次郎、加藤周一等人的伟大。竹内甚至曾说："我也不知道自己在这场混战中属于哪一边。"他时常把理想寄放在敌我这种阵营意识之外。

十五　继承抵抗的场所

1957 年，岸信介就任日本内阁首相。1941 年"大东亚战争"爆发时，此人曾作为东条内阁的商工大臣在宣战诏书上签过字，也曾作为军需省的次官[1]起草过物资调配计划。当时抓朝鲜人和中国人送到日本从事重体力劳动以弥补矿山等地劳力不足的政策，若没有他的批准是无法落实的。至1944 年，因其拒绝辞去内阁成员的身份，当时的首相[2]根据相关制度也被迫辞职。

　　此人的传记，把重点放在了日俄战争以后日本帝国的发展过程上，尤其关注：战前和战时的日本帝国如何一步步走向了战后被置于占领状态之下的日本。这样的传记，我此前读过，同时也觉得自己没能力写出来。岸信介自东大法学部学生时代以来就对国家主义的宪法学家上杉慎吉颇感兴趣。

[1] 军需次官是该部门的"二把手"，其地位仅次于军需大臣。
[2] 当时的首相即东条英机，任期为 1941—1944 年。

从其参与右翼学生团体"七生会"的经历来看，作为国家主义者显然是从一而终的。东大毕业以后，他进入农商务省成为一名革新官僚，据说能力得到了高评，因而平步青云：1935年升任商工省工务局局长，翌年又调任伪满洲国产业部次长，为日本在那片广阔土地的发展做出了巨大"贡献"。通过这一系列工作，岸信介又得到了时任关东军参谋长东条英机的赏识，在年纪轻轻的四十五六岁便成了东条内阁的成员。日本战败投降之后，他虽一度被指名为甲级战犯，却未遭起诉，并于1948年被释放。当时美国所采取的世界政策是以朝鲜战争为契机和苏联、中国展开对抗。所以在剧烈动荡的世界史舞台上，岸信介于1953年作为自由党党员成功当选了议员候选人。战后八年（包括被占领状态下的七年）的漫长岁月里，他始终保持了战前和战时以来的人脉、钱脉关系，这足以说明其强大的政治手腕。1957年，岸信介在自民党总裁的竞选中输给了石桥湛山，但由于后者突发疾病，岸信介最终得以递补为首相。

美国结束对日占领后，日美之间签署了《日美安全保障条约》[1]。尔后便是对该条约进行细节修改和时限延长，从而

---

[1] 全称《日本国与美利坚合众国安全保障条约》，1951年签署，也就是所谓旧《安保条约》。

形成新的《安保条约》[1]，同时，亦准备迎接美国总统艾森豪威尔 1960 年 6 月的访日。当时日本的社会党、共产党、学生运动各派都认为这份新条约实际上带有军事协定的性质，将给日本带来长期的束缚，因此对其大加批判。日本共产党的学生们甚至在 1959 年末翻越栏杆闯进国会，直接表达了反对意见。他们不等 1960 年的到来，便为了对抗国会内各政党的方针而发起了多种行动。

1960 年 5 月 19 日，自民党无视各个反对党的意见，凭借其在国会里占据绝对多数的优势，派遣警察进入众议院并强行通过了批准新条约的程序。这进一步刺激集团性的反抗运动跃出党派之间的壁垒走向扩大，国会周边充满了抗议之声。

5 月 21 日，竹内好向当时的工作单位东京都立大学提出辞呈，并向友人发去了告知此事的信函。其中写道：

> 担任东京都立大学教授之际，我曾宣誓要作为国家公务员尊重并拥护宪法。

> 但可以说 5 月 20 日以后，宪法已经丧失了议会主义这一核心内容。国权的最高机关是国会，而导致其失去机能的罪魁祸首正是众议院议长，以及作为公务员带

---

[1] 全称《日本国和美利坚合众国共同合作及安全保障条约》。1960 年 1 月在华盛顿签署，6 月生效，用以取代 1951 年的旧《安保条约》，以下称《日美新安保条约》。

头人的内阁总理大臣。在此种无视宪法的状态下，我如果继续担任东京都立大学的教授，那就意味着背离就职时的誓言，也背叛了自己作为教育工作者的良心。所以，我决定辞去东京都立大学教授一职。

这一决定是我自己做下的，和他人的意志无关。不是别人劝我这样做的，也没有任何人表达过这个意思。同时我也觉得自己依靠文笔应该能勉强维持生计。所以在此种条件之下，作为能够采取的抗议手段，我经过深思熟虑最终做下了这个决定。

我的辞职会给各位同事和学生诸君造成不少麻烦，这实非我所愿，但还请务必见谅。希望我们今后依然友谊长存。

发动"大东亚战争"并下达诏书时，曾经拥护罗曼·罗兰和平论的高村光太郎竟响应其内心"天皇危矣"的呼声，走向了支持战争的行列。而同为明治人、比高村年轻的竹内，看着1960年5月人们自发集合于国会附近的场景，听到的却是"全员应更加努力奋进"的声音（即日俄战争时期，日本联合舰队即将启程去和俄国波罗的海舰队开展日本海海战时的旗语），并在5月25日下午写下了"心境与洞察"的文字。虽然不能说当时聚集在国会附近的数十万人都拥护此种呼声，但竹内在内心听到这一日俄战争时期的口号，显然表明了他对强行批准《日美新安保条约》一事的态度。同时也充分展现了其思想特质。竹内将1960年5、6月间的抗议定义成市民的抵抗，但他实际上对"市民"一词是厌恶的。

此处使用了"市民"一词，但有必要对其做些解释。我其实并不喜欢这个词。因为它过于洋气，容易给人造成误解。若可能的话，我是希望换一个词的。但又实在想不到更合适的词，所以就暂时借用一下。"市民"一词的概念在日本是否已经固定了下来，我对此不太确定。我所谓的"市民"，是"个人"的意思。若说是"独立之个人"可能会更加接近。或许也可以说"自由之个人"。因为自由是独立的内容，所以从结论上来说是一样的。换言之，人皆是他人的亲子夫妻，都是阶级人，也是特定国籍的人。但同时也是作为意志和责任主体的个人，是均等的。在人的这一双重身份里，作为"个人"的身份，可以称为"市民"。

原本"市民"一词是难以让人习惯的。曾有一个玩笑说，若朝大家喊"各位市民"，便会有人回答："我可不是市民，我是东京都的都民！"我们不能取笑那些回答者。更何况在农村地区，"市民"一词更不适用。一方面不能强行拿来使用，另一方面又没有可以取而代之的用词，这着实让人为难。在日本的国情之下，带有独立、均质、连带之语感的，意味着个人的词汇，可能不是"市民"而应是"人民"。但这是将来的事情，现在若用"人民"一词也不适合。所以我只好用"市民"了。

我之所以要絮絮叨叨地对"市民"做一番解释，是因为想把去年那场运动从整体上或本质上理解为市民的运动。我并不是要在这里把它作为论争的课题，对现实中的运动做出最终规定。我也没有这样的打算。我的打算，终究只是为了给自他双方整理一下个人经历，并从中抽取出某些教训来。不过，为了能够做到这一点，实有必要将判定整个运动的性质作为其中一环，思考其最小限度的共通之处。此外，若要问为何梳理个人的经历是极其重要的，那么我只能回答：因为它是一种市民运动。我想分析的是市民的运动，抑或是想要成为市民的日本民众的运动。我坚信自己的这一想法是无误的。（《〈安保〉一年之中我的结算表：为了让不服从运动成为遗产》，《妇人公论》1961 年 6 月号）

竹内的这番思考，和他反思近代主义时的情况是类似的。当时他没有从整体上否定近代主义，而是把自己视作某种意义上的近代主义者，置身于其框架内进行了观察。在反对强行批准《日美新安保条约》的运动中，竹内即便嗅到了近代主义留下的气息仍坚持参与了进去，并在那场运动结束一年之后留下了文字记录。

由于未能阻止《日美新安保条约》的通过，当时的学生和支持他们的知识分子把安保斗争视作一场失败，并广泛使用了"挫折"一词。然而，他们在现实中却成功逼迫岸信介下台，并促使继任的池田勇人内阁转向了以经济为中心的政策方向。这件事情，在竹内的心中留下了"个人的抵抗运动确实能够有所收效"的印象。

原本竹内参与这场安保斗争的理由并非出于市民主义。而是出于：日本在未宣战状态下向中国发动的"十五年战争"并没有得到彻底了结，且自日本战败后又过去了15年时间，这引发了他痛苦的自觉，并成了他批判《日美新安保条约》强行批准的基础。

1958年2月8日，北海道石狩郡当别的材木泽，有一个名叫袴田清治的猎人在大雪覆盖的山洞里发现了一名男子。此人是中国农民刘连仁。战争末期的1944年秋，他在家乡干农活时突然被日军抓走，随后被强行押送至北海道明治矿业公司的昭和矿务所从事繁重劳动。到了1945年7月30日，在完全不知道战争即将于16天后结束的情况下，他选择了逃亡，随后躲进北海道的山林里隐居了 14 年之久。发现刘连仁的事，[1] 在日本国会中成了一个问题。时任首相的，正是在战时作为内阁成员之一负有责任的岸信介。他表态说：不知道刘连仁为何会躲在那里，所以，将其遣返回国的费用不应由日本来承担。岸信介和刘连仁这场引人关注的对决，折射出了"大东亚战争"时期日本政府及其掳走的 40000 中国人（其中有 7000 人死亡）之间的历史纠葛。

我们的友谊必须充分体现在行为之上。我们必须改变如今在政治层面所做的错误行为。换言之，我们作为日本国民，作为今天来参加慰灵仪式的日本国民，究竟应该做些什么。首先，如果政府在行动上有所急慢，我们应该凭借我们的力量、民众的力量，不断努力以恢复两国之间的邦交。

第二，对于目前成为舆论焦点的《日美新安保条约》这一新型军事同盟，必须加以阻止。因为它和日中两国邦交正常化一事是不可两立的。

有人说，一旦批准《日美新安保条约》，日中邦交就不可能实现了。但这不过是在挥拳之前，先朝脸上扇

---

[1] 刘连仁此后于 1958 年 4 月 15 日乘船回国，2000 年逝世。

的巴掌而已。(《面对殉难者之灵》,1960年4月26日
在东京文京区公会堂的演讲,《日中不再战》,中国俘虏殉
难者国民大慰灵祭实施委员会出版,1960年8月15日)

竹内曾说,从东京来看,冲绳不过是远离日本的小岛
而已。但从中国来看,1960年的日本是躲在了冲绳的后面。
因为位于冲绳的美军基地,其炮口正瞄向中国大陆的侧翼。
可见,研究中国的竹内当时依旧持有站在中国立场看待日本
的视角。他的内心一直怀着身为日本国民的痛楚,但同时也
没有忘记"中国人将如何看待日本人"的问题。投身安保斗
争的决定,正是此种痛楚的外在表征。

在日本,只要议会的多数党按照法律程序来处理事情,
便可无所不能,而很多在议会外持反对意见的人,一旦看到
掌握国家权力的人做了决定,便会转而予以追认。这是对既
成事实的反复追认行为。所以,批判权力的运动往往会最终
走向失败。这是日本国民自明治时代以来通过甲午战争形成
的特质,它贯穿于战时和战败,然后又延续到了美国占领时
和占领结束后的日本。革命,只会在读大学的三四年间和朋
友们吹牛般的议论中得到再生产。

1960年5月19日以后,竹内把反对《日美新安保条
约》的运动称作"精神革命运动"时,已不再按照日语习惯

将"革命"和"夺取国家权力"一事联系在一起（按照日
语的习惯，用"抵抗"一词来描述这场运动更加合适）。他
是故意用中文的习惯，把革命理解为一场长期持续的运动[1]
以向日语唱反调的。1960年安保斗争退潮后，竹内曾有过
一项提议：1967年政府为庆祝"明治百年"而举办典礼之
际，民间也可以举办类似的仪式。他还曾在市井三郎的邀约
下参与"思想的科学研究会"的撰文工作，在《共同研究：
明治维新》（德间书店，1967年）上发表了文章《明治维新
与中国革命：关于孙中山》。这个共同研究是"思想的科学
研究会"开展的一项新工作。以往它一直倡导多元主义，但
由于其外部的协助主要来自马克思主义者和自由主义者，于
是市井便开始考虑是否能和国粹主义者展开合作的问题。此
提议被接受了后，市井推荐的苇津珍彦，以及保守主义者西
春彦、林竹二加入了进来，共同尝试围绕明治维新提出一些
新的见解。他们每月召开一次大会，而竹内则作为中间人在
当时发挥了重要作用。

竹内始终认为，那些致力于建设明治国家的人比起明治
国家本身来说更为重要。在幕末那批以新政治为目标的形形
色色的"个人"中，有一些人倒下了，但他们从不计较自己

---

[1] 比如"革命尚未成功，同志仍需努力"或永续革命论等。

是否能活下来夺取政权并走向权力顶点。所以他感到，反对强行批准安保的运动实际上就是在继承这些"个人"所创造出来的运动。

桦美智子是当时冲进国会的共产主义者同盟成员之一，于1960年6月15日离世。这个共产主义者同盟是一个以少数学生为中心的组织。不过那时参加抗议运动的数十万人，包括未必接受共产主义者同盟理论的人，都对她的离世表示了哀悼。

民声会[1]是一个无党派抗议者的团体，直到桦美智子去世35年之后的今天，他们仍会在每年6月15日前往其离世的国会通用门献花。正如竹内在《为了不服从运动的遗产化》中所言："不管别人怎么说，她都应该是整个运动的象征。"为何1960年5、6月间会有数十万人在没有任何上层指示的情况下参加国会的抗议？这些人里面也有不少自民党的支持者，显然已经远远跨越了共产党、社会党、新左翼的框架。战败后过去了15年，当年指挥那场战争的内阁成员如今又成了首相，强行批准了那份极有可能把日本卷入战争的条约。那时的日本人，半数以上都有过战争体验，岸信介那副战争领导人的形象已经深深地印刻在了他们心中。而在抗议运动中，还有一位女学生死去了。这两件事情给这场自

---

[1] 日语原文"声なき声"，普通大众呼声之意，故译作"民声"。

发性运动的扩大化埋下了伏笔。竹内曾认为，对强行批准的行为视而不见即是在为权力的独裁化开道，故以此为根据，主张把抗议运动归结为"是要民主还是要独裁"的问题。伴随着运动浪潮的退去，曾经鲜活的记忆也将同时趋于淡薄。此时，又应该如何去保卫那场不服从运动呢？答案或许在于：要让它继续存留在个人的内心之中，并通过日常的生活来实现。在竹内看来，建立根据地是很有必要的，哪怕是简陋的窝棚亦无所谓。比如摸索创办小报的团体、明治维新共同研究会、中国古典翻译会、杂志《中国》、"鲁迅友之会"等。他甚至曾把自己比作在山间钓鱼糊口的独立劳动队队长。然而，随着衰老和疾病的到来，他最终不得不把精力集中到《鲁迅全集》的翻译上去，且直到离世仍未全部完成。对其而言，一切的根本在于"个人"，在于"个人"从"个人"那里继承精神革命的遗志。他曾受到毛泽东著作《论持久战》的启发，强调了建立根据地的必要性，但毕竟要在日本形成小规模人员自给自足的根据地是极为困难的事情。受竹内影响的新岛淳良曾加入"山岸会"并继续开展活动，这或许是对其根据地论的一次小实践。但实际上，根据地并不是固定的场所，甚至不需要建立在日本的国家范围之内。不能因为自己是民族主义者就非住在日本不可。他甚至在70年代考虑过到日本以外如墨西哥等地开展活动。

十六 『大东亚战争』纪念碑

竹内自少年时代就认为：某些好的可能性是靠不好的东西来支撑的。这同时也是他文章的基础、文体的特色所在。

我们从竹内对"偏见"的态度中，应能读出这一点。

1962年6月21日（周四）

夜，出席满洲国研究会。听了关于《关东军政略机密日志》的介绍，以及此后的报告。其中分析了《读卖》夕刊所载"读卖手帖"一栏的《转向》下卷。这一栏的作者名，只有一个"苇"字，但几乎所有人都知道这是一位相当年长的评论家。其文章的特色在于偏见问题上的意味深长。田中美知太郎的论坛时评里也是有偏见的，但远不及"苇"的恶劣。当然，此文还不算最为恶劣的。它开篇即曰《转向》乃历史书，不容半点质疑。于是接下来的内容都是自相矛盾、乱七八糟的。作者可能以为只要是过去的事情，就全都是历史了。而一旦评论尚且在世的人物，他又大言不惭地说自己并没有和对方进行过面谈，使用的参考资料也不是一手的，好像自己立下过什么奇功伟业。这或许正意味着，所谓"转向"是给其自身的一种方法规定。上卷的开头就是这么写的。（《转型期：战后日记抄》，创树社，1974 年）

只要继续生存下去，就无法避免向一部分生存力的转型。我们在生存的过程中意识到仅靠偏见是无法生存的，所以才会付出努力予以纠正。但另一方面，我们又不可能完全摆脱偏见。竹内的做法是：看到别人在"享受"偏见，并对那些能给自己带来活力的偏见抱有善意，同时也对偏见和知识所发生的冲突极为敏感。偏见，没有必要完全抛弃。他甚至曾在反复引用的鲁迅文章中对"偏见之毒"表示过肯定。因为这种毒或许存在于善之中。

竹内拒绝相信关于反复行善的言论。1963 年 1 月 18 日出席岩波书店《世界》杂志的座谈会时，他曾有过如下感想：

> 这种极为奢华的会场真是让我哑口无言。甚至想要抛弃口腹之欲，逃往山间。不过，为了活下去也不能不要浮世情理。那些秀才们都在说些什么，我活到现在，

当然能够做出正确的判断。而且全是正确无误的判断。但实际上从我的亲身经历来看，正确的判断从未改变过历史。在长达三个小时的大型座谈会上，我不断地厌恶着自己，真是一点办法也没有。(同上)

他基于理想主义，试图通过将自己的立场还原为一种纯粹的善来再次回归自由。但同时，他也在明知此举会走向失败的情况下给自己设下了新的陷阱。竹内并不会因为自己曾对"大东亚战争"做过错误的预测而选择在战后一言不发。他对战后中国走向"文化大革命"的过程也做了错误的预测，但在面对这一错误时采取的却是承认的态度，并未在此后放弃对中国的观察和评论。

近代主义批判让竹内在战后的日本社会名声远扬，但实际上，他在批判的时候也并非对近代主义的所有流派、所有细节都了如指掌。即便对于近代主义旗手加藤周一，他也在批判的同时与其有过一些共识。此点可从竹内为加藤所做的书评中体现出来：

加藤周一，是法国文学研究者里，抑或是整个外国文学研究者里，我最敬重的一位。虽说最为敬重，但我也没有广泛涉猎他的成果，甚至应该说读得很少。换言之，我的读书范围是非常狭窄的。我之所以敬重他，原因不在于他知识储量的庞大。如果论知识储量的话，还有更厉害的人。我敬重他的地方在于其方法上的新意，或者说支撑此种新意的自觉态度。在这一点上，他让人受益匪浅。那么，新意究竟在哪里呢？他认为，研究外国文学的时候，自己非要彻底走进去不可，而且这也是日本文学的传统所在。此种自觉态度，在我看来，是日本历史上从未有过的。无论是遣唐使、五山僧侣还是幕府的御用学者，都没有产生过如此彻底的自觉。正因为加藤将其做到了极致，而且是一种带有自觉性的实践，他才会在今天的外国文学研究者里名列前茅。或许，那是一种最为激进的思想意识，目的是要去直面日本战败投降的事实，以及随之而来的文化上的殖民地性。它带有一针见血的现代性，甚至可以说，日本的马克思主义者们都不如其激进。

我本人作为中国文学的研究者，当然不能走加藤的路。不仅不能走，甚至觉得中国文学若全面模仿法国文学将会有碍其发展。但即便如此，我要向加藤这位敌人致以最高的敬意。一切纯粹的事物、高深的事物都是美好的。加藤将其庸俗（在中野〔好夫〕看来）发挥到极致也是可以的。哪怕走错方向，他那种敢于直视殖民地

现实的勇气仍是值得鼓励的，和那些半途而废的人没有
可比性。面对中野的批判，加藤没有畏缩。而且中野为
了发展其反教养主义也应该会主动利用这位教养主义的
优秀论者。对我个人来说，由于我并不相信思想，所以
只能坐在观众席欣赏他们的完美演技并送上掌声。其
中当然也有自己的喜恶，如果偏爱的一方陷入了劣势、
演得不好，我没准也会不顾一切地跳上舞台出手帮忙。
（《关于教养主义》，《人间》1949 年 10 月号，原题《教
养主义与文化输入：关于中野、渡边、加藤所论》）

竹内是讨厌汉文的。他认为接受汉文的文体，便意味着
选择了一条缺乏事实根据却要高谈阔论的道路。不过，他的
文体实际上也不可避免地受到了汉文的影响。在检查校对学
生翻译的中国古典丛书的工作时，他曾反复强调：中文译成
日文后，篇幅将扩大到 1.5 倍。所以他自己写文章时也会尽
量按此标准做到简洁。

我也可以试试竹内讨厌的汉文翻译，比如所谓"默而当
亦知也"（荀子）或许能够理解为"沉默得当亦为明理"。这
是竹内写文章时用以自诫的话。也就是说，写文章为生者，
往往会在做事时忽略那些不靠文章为生者所保持的沉默。

在我看来，若在此句之前加上荀子的"疑疑亦信也"以

补充说明"默而当"之道，或许更能展现出竹内文体乃至竹内著作的特色。如此一来，他便走近了不以文为业之人。

藤野先生在鲁迅回国前所赠照片上曾写过"惜别"二字。

1962 年 4 月 9 日（周一）

与贵司山治先生见面。计划在福井市建立一座藤野严九郎先生的纪念碑，听他说起出席当地发起人会议时的情形。在东京的有志者最初发起提议时，当地人原本并无兴趣。这里面有着复杂的过程。但最终，据说得益于《福井新闻》的帮助，他们开始变得兴味盎然起来。鲁迅和藤野先生的关系是众所周知的。然而即便众所周知，从日本人整体来看也不过是其中的一小部分而已。要让人们广泛理解建碑的意义，或许还有很远的路要走。最近仙台建了鲁迅的纪念碑。我还没去看过，据说是很漂亮的。在此之后，为藤野先生竖碑也是理所当然的，但其难以实现也并非没有理由。还是不要着急为好。贵司先生曾在《文学案内》中发掘考证过藤野先生。因而对这个活动极为热心，甚至愿意在其主导的《作家新闻》里广为宣传。我不过是以译者身份和他商讨此事罢了。在藤野先生的近亲里，曾有人问为何要彰显他这样一个平凡的人。贵司先生说：我跟他们解释，

"正因为他平凡，所以给鲁迅留下了影响，此种平凡值
得尊敬"。关于藤野先生晚年的境遇，以往的传言和实
际情况似乎并不相符。(《转型期：战后日记抄》)

日记里的这篇文章说明，对于贵司山治那种想要从藤
野先生平凡日常中探寻平易近人之价值的想法，竹内是有共
鸣的。

1963年1月24日，他还曾有过如下记载：

三谷作七先生和另一位朋友来访，听其详谈。三谷
先生旧姓老川，是我入伍时同一个部队里的曹长。我当
时刚接受完教育，作为一等兵转调去宣抚班，打算前往
大队本部所在地，而负责那里修缮工作的正是老川曹
长。他或许是本部的下士官里唯一不曾殴打我的人。提
供劳务者[1]，是宣抚班的主要任务。但那时宣抚班里几
乎只有我一个人在和当地百姓打交道（名义上有班长，
但那名准尉每天只会睡觉）。老川曹长在军队里也不是
不受尊敬，但确实是一个温厚的人。我们部队里来自琦
玉、千叶、东京的人很多，但回国后，我暂时住在了较

---

[1] 日方当时所说的"劳务者"，大多指被强迫做苦力的中国战俘和平民。

为偏僻的浦和。有一天老川曹长来了，想让我帮忙修改一下文章。他家里开理发店，当时为了继承家业得去理发学校上课，所以非写一篇毕业论文不可。论文的主题是探讨理发的社会性意义，我只是对其进行了最低限度的语法修订。在那以后又过了十年，此次是他第二次来访了。他想在老家岛根县的村里建一座大东亚战争纪念碑。那里有纪念甲午、日俄战争的碑，还没有大东亚战争的。据说不打算命名为"从军纪念碑"，而叫"黎明之碑"。想把战死者和幸存者的名字全都刻上去。幸存者对此都表示了赞成，还捐了钱。但估计得不到其他方面的支持了。只是请求靖国神社的宫司帮忙写一个碑铭，请校长为碑文执笔。地点选在氏神境内。我在听他说这些的时候，感觉自己是不能推辞的。说老实话，三谷先生起草的意向书虽然情真意切，行文却支离破碎。如果我不帮忙，估计也没其他人了。这么说应该不算夸张。东京也有乡村，或与东京周边一样偏僻，但能把文章刻在石头上，对文字工作者来说终是幸运的。（同上）

可见，为"大东亚战争"的死者立碑是竹内及其战友们的共同愿望。他们向死者的忠诚表示敬意，但也知道那场战争是错误的。追悼一事并不意味他们认为那场战争是正确的。

1963年2月3日（周日）

　　天空飘着小雪。节分。本月计划带着翻译工作去一趟奥只见，但大雪降临让人心里没底，还未最终决定。同时，校订的进度有些慢了，出远门不太合适。思考了三谷作七先生托付给我的碑文，大体成形。内容如下："曾在军国日本时代被迫从军入伍，与家人分别数年，开往大陆及南方岛屿艰苦与共的战友们，我们中一些人虽不幸中途倒下，但幸存者仍在继承遗志，投入祖国重建的工程。我们确信能走上和平繁荣之路，如今再次追忆过往，为亡友祈福。我们的努力有所回报，乃为将此喜悦传于后世而祈盼世界人类之永世和平，借土地公宝地建碑以为纪念。一九六三年三月某日。"我附加一些批注后寄了过去：文章里最初两句也可改为"征召入伍参与大东亚战争"，"世界人类"一词可予删去，"土地公"也可改为"守护神"，其他请自由修订。（同上）

　　如此，战死者纪念碑便建立起来了。

1963年3月11日（周一）

　　终于天晴。晒着太阳真是温暖。下午，与野的三谷作七先生和相川先生一同来访。告诉我从军纪念碑已建成。3月3日请来大宫的冰川神社宫司，完成了揭幕仪式。当时天气晴朗，举行了一场约百人参加的盛会。纪念碑命名为"黎明之碑"。我的案文被原封不动地刻了上去。他们在两套方案里选择了"征召入伍参与大东亚战争"一句。碑文由校长执笔云云。他们同时把揭幕式的照片、作为纪念品的盆、作为谢礼的鸡蛋也送给了我。我也很高兴，一定要找机会去实地看看。（同上）

竹内讨厌汉文，但更讨厌美文（辞藻华丽的文章）。汉文能够成为撰写美文的力量，这是竹内讨厌汉文的理由。而在我们这些晚辈看来，他自己写的汉文确实称不上美文。

竹内是讨厌美文的，为此还曾发表过一篇文章《关于美文意识》（《文艺》1951年7月号）。其中提到，有一位家中经营理发店的老战友（估计是三谷作七先生）为了撰写理发学校的毕业论文而来找他审阅修改。竹内明白要从文章中完全去除美文是非常困难的，同时也说，如今美文的对外传播来自文学家。然后他写了这样一句话："理发师要像理发师，检察官要像检察官，这样子写文章才是好的。"

1962年10月15日（周一）

小雨。11点半去普通社。结果发现把日子记错了。

去神田，在常去的帽子店买了一顶鸭舌帽。在铃兰大道看到一个年轻人拖着小车贩卖烤白薯。声音洪亮，小车也擦得很干净。这个小伙子没有任何落魄的感觉，肯定很受女孩欢迎吧。这么优秀的年轻人为什么会在这里卖烤白薯呢？真想问问他的人生哲学。（同上）

此人对于竹内来说非常理想。在他的信仰或者偏见里，这样的人物是应该存在于日本国民中的。他自战时就这么认为。

1962年12月8日，他还曾留下过这样一段回顾：

战争期间，防空演习变得频繁之后，我曾去横滨找过女人。当时东京已不自由，但还能在横滨喘口气。我找的女人喜欢文学，经常读小说。她对秋声、白鸟等人的作品很熟悉，给我讲了一下大致的梗概。在其看来，莫泊桑比秋声、白鸟等人厉害得多，二者完全是天壤之别。我听了之后差一点就要落泪了。当时我们在二楼的小屋里，室内因防空演习拉上了黑色的窗帘。夸张地说，我认为那场景就像神灵在说话，自己非要活下去不可。心里还暗自惊讶：如今的读者真是不得了哇。讲到白鸟或许会让人有奇怪的联想。白鸟很厉害，莫泊桑更

厉害。我真是这么觉得的。（同上）

小屋、女人和文学。这便是支撑竹内"国民文学"的基石之一。二十来岁时他想过写小说，去调查清朝赛金花的情况也是出于这一目的。但努力之后的成果却不是小说，而是《赛金花口述》（《中国文学》1940 年 9 月、11 月号）。此后四五十岁当评论家，六十来岁当翻译家，原本打算七十来岁做口述传记为主的工作，没想到六十七岁便离世了。竹内文章的魅力在于撰文时不让自己脱离出去，而是始终保持置身其中的状态。即形成一种不将自己置于外部的视野。"一草一木皆受天皇制影响"（《权力与艺术》，讲座《现代艺术》第 2 卷）。在天皇制下反抗天皇制，这是竹内文章的力量所在。他向我们展示了一种从失败中汲取力量的方法，并为自己、日本国民乃至全人类指出了一条前进的道路。

十七　思想的姿态

竹内的文章是在自己置身其内的状况中撰写出来的。此种写作风格可以说是年轻时阅读鲁迅而形成并继承下来的。

他在《鲁迅》（第一）里，曾将日语并不常用的汉语词汇"挣扎"作为摸索其方法的线索。这里所谓的"挣扎"可认为是"想要折腾"一番的意思。若引用竹内自己的注释，是这样说的：

> 注一：挣扎这个中文词有着"忍耐、承受、折腾"等意味。我认为它是解读鲁迅精神的一个重要线索，所以才会不予翻译而原封不动地频繁引用。若非要把它翻译过来，或许和我们今天所说的"抵抗"较为接近。（《鲁迅》，未来社，1961 年）

这里面实际上包含着他的一种判断，即认为要完全凭借自己的主观意志去突破四周环绕的客观现实将是极为困难的。所以在其看来，应该放任客观现实的发展，同时坚持自己的意志，进而对自身意志遭现实不断冲刷的情况加以观察。

竹内形成这种思考之后，便坚持了40余年不曾改变。在文学作品方面，他对郁达夫、太宰治、冈本加乃子等人的作品倍感亲近，亦对其文体极为推崇。不过，鲁迅的作品对竹内而言与其说是理想的文体，不如说是一种获得思想之文体的通道。

自1936年（昭和十一年）11月在《中国文学月报》第20号发表《鲁迅论》，至1977年（昭和五十二年）3月3日未能等到《鲁迅文集》的翻译完成，可以说，他整个人生都未曾放弃从鲁迅那里汲取力量。

将自己置身其中来思考问题的方法，并不是明治中期以后日本知识分子的方法。虽然在"私小说"里有过此类方法的实例，但作为评论文来说，基于海外的权威学说来判断自己身处其中的状况才属于正统。竹内的文体，是不符合这一正统的。

可以说，这并不是靠学问和评论为生之人的做派，而是牢牢把握自身所属状况的人所采取的行事风格。

正因为把自己关在里面，他的文章里有一种安定感。如此一来，不断撰写评论的竹内便逐渐收获了大批固定读者。

　　在自己所处的小集团里面，他很好地解决了一些争论。也曾有人来找他商量家庭内部的困难。竹内就是通过不断地撰写评论，给这些读者带来了信赖感。

　　竹内并不喜欢给别人留下书法作品。1966 年，在立间祥介编辑《竹内好著作笔记》（图书新闻社）时，竹内曾给他寄去过一篇《自画像》（1965 年 2 月笔），打算将其作为以往著作的"序"。该文写道，竹内过去带过的一名学生曾撰写了中国古典丛书中《荀子》的部分，竹内读过后非常喜欢里面的两句箴言，便将其放到了那篇《自画像》的末尾：

　　　　信信信也，疑疑亦信也。

以及，

　　　　言而当知也，默而当亦知也。

　　然后他又写道："对于荀子所说的真理和英知，我是非常赞同的。即使从否定的角度出发也能寻找到真理，若无法理解此点，我便无法从事学问研究。若不把沉默设定为终极目标，便不可能开展言论活动。这个习惯，我可能至死也不会改变。"可以说竹内是在这里分析了自己思考方法的特色。

上面这段内容让我联想到一位杂货店的老板娘。在此类小场合仍将自己置身其中的人，就是这样坚持着对问题的怀疑，保持着沉默面对的姿态。我想到的，是从此种姿态里产生的一个感想实例。即在1923年关东大地震的次日，[1] 有一个身居陋室的老板娘对附近的男人说道："昨晚有个朝鲜人被人追杀，逃了整整一晚呢。"结果被人中途打断："你胡说些什么呐，怎么会有朝鲜人被追杀。他们此前就已逃走啦。我看还是日本人更多吧。不要怕。"（佐多稻子：《我的东京地图》，1948年）。从当时东京人口中朝鲜人所占比例来看，这位老板娘不失平常心的局势判断或许是正确的。而恰恰是这种和生活状态相对抗的"非言论人"的方法，和竹内的方法保持了彼此相通的关系。

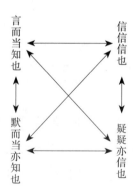

言而当知也　⟷　信信信也

默而当亦知也　⟷　疑疑亦信也

---

[1] 日本的关东大地震发生于1923年9月1日。

可以看到，荀子的四句话若放在矩阵之中便会呈现出彼此对立的关系。

不过在"思想之场"里，四种主张的相互矛盾和相互碰撞，实际上也同时为我们呈现出了 16 种不同的组合。

马克思主义被苏联奉为正确，而且为此一步也不肯向后退让，这便是所谓的"信信信也"。与此相对，一边怀疑苏联是否真的在坚持马克思主义，一边对自身的这种怀疑表示怀疑，同时又坚守着自己的信念，这便是所谓的"疑疑亦信也"。

西欧文化的正统，在于经常用明确的言辞来阐述自身的立场。譬如萨特和波伏娃的行事风格，就是不断强调自己的立场并予以实践。但反过来，像"非言论人"那样忠实于自身的习惯或习惯以变化来分析现实的做法，其实也是"知"的一种形态。

可以说，矩阵上方的两句话（信信信也、言而当知也）来自知识分子，下方的两句话（疑疑亦信也、默而当亦知也）则来自非知识分子。竹内是一位在"疑疑亦信也"和"默而当亦知也"的矛盾之间奋力撰写文章的评论家。所以他的出现，在现代知识分子里是非常显眼的。其行事风格显然超脱出了西欧思想的正统。如果从此点出发展开思考，那么作为一种理想化形态的亚洲，以及作为一种方法的亚洲，就会自然而然地呈现出来。

1960 年（昭和三十五年）1 月 25 日，竹内在国际基督教大学亚洲文化研究委员会发表了演讲《作为方法的亚洲》。

他在文中没有按地理学概念将亚洲视作一个实体的存在，而是像梅棹忠夫在《文明的生态史观》中所写的那样，认为无论从现实环境还是生活习惯来说，亚洲各地都不是统一的。然而，他也强调在同样遭受西欧侵略的问题上，亚洲确实是能够形成一个整体的，而且通过对西力东渐（武力、技术力、财力、文化力）的抵抗，也能够从中发掘出一个"作为方法的亚洲"。

> 我认为泰戈尔也好鲁迅也好，将其普及给全人类的应是我们自己。西方侵略东方，东方奋起抵抗，通过这样一层关系，世界将走向均质化。这虽是现下流行的汤因比式的思考，但其中归根结底有着西方之局限性。现代亚洲人考虑的并不是这个，而是为了从更大规模上落实西欧优越的文化价值，再一次用东方来重新包裹西方，反过来从东方变革西方本身。通过此种文化上的倒卷，抑或价值上的倒卷，便能创造出普遍性来。用东方的力量来变革西方，就是为了进一步升华西方那种普世的价值。这正是如今有关东西相对的问题所在。这既是政治上的问题，同时也是文化上的问题。日本人也必须

参与其中，坚持此种构想。

　　在倒卷时，自己身上非有一种独自的东西不可。若要问那是什么，我觉得，它恐怕不会是一种作为实体存在的东西。不过作为方法来说，换言之作为主体形成的过程来说，它是能够成立的。所以我就选择了"作为方法的亚洲"这个题目。但若要给它一个明确的界定，我又是无法做到的。（《作为方法的亚洲》，武田清子编：《思想史的方法与对象》，创文社，1961 年）

　　所谓"作为方法的亚洲"，这个讲法并不属于社会科学中常见的用语，从修辞角度而言，也是一个似是而非的东西。尽管如此，它依然成了支撑竹内整个思想的关键词之一。

　　竹内自己提出了一个问题，然后又付出自己一生的努力去尝试解决它。这也是他为何将自己称为"钝才"，与秀才们划清界限的原因所在。秀才们会从老师那里得到问题，尔后在教室里向大家展示老师想要的答案。如此便能完成幼儿园、小学、初中、高中、大学的学业。他们的常见做法是，把日本以外的，尤其是欧美的、老师们拟好的问答视作标准答案，利用自身掌握的外语将其简单拿来当作自己的答案展示给其他落后的同辈。里面一以贯之的特色便在于，其解答的问题通常是外部所赋予的。

竹内则是在日常生活中通过阅读鲁迅去探寻自己的问题。而且在其之上还会继续追加新的问题，不断提出疑问。如此这般，他的著作就变成了一本自己的问题集。尽管竹内会利用一些假说来解决这些问题，但事实上，其最大的特征却在于问题本身，即在自我未得满足的情况下反复提问，一个接一个地抛出问题。

具体的例子，包括 1941 年（昭和十六年）对那场"大东亚战争"的理解、1953 年（昭和二十八年）对日本欠缺国民文学的质问，以及 1959 年（昭和三十四年）的"近代超克"[1]。

从鲁迅那里得到问题并在挑战问题时获得启发，在这一点上，竹内的做法和明治以来历代优秀人物的做法是极为相似的，即是从外部获得问题并在外部寻找答案。但是，他们却又有着根本性的差异。其关键在于，竹内是在 20 世纪 30 年代中日战争期间，作为日本的中国文学研究者，基于自己的日常生活，对鲁迅作品展开解读的。他并没有把鲁迅的作品当作世界名著。而是在 40 年间用自己的方法阅读鲁迅，并借此通过身处日本的自己来不断扩大鲁迅的读者规模。不过从竹内的价值基准来看，此种数据统计上的事实只

---

[1] 所谓"超克"一词，具有超越、克服之意。"近代"则指"西方的近代"。

能具有一种附带性的意义。其重点在于能够通过自己对鲁迅的解读，让一个又一个的读者领会到读书的新方法。他所做的一切，实际上为明治以后的日本精神史提供了新视角。在1955年以后日本国民日趋富足的生活中，此种新方法、新视角，裹挟着一种和30年代完全不同的沉重感延续到了1994年。

在这种情况下，鲁迅的作品可谓是摆在眼前的教科书。竹内不认为自己的解读一定是正确的，一定是唯一道路。这从他本人二十多岁到六十多岁经常误读的情况来看也是一种必然。

20世纪60年代，漫画在日本的大学生之间广为流行，于是竹内便开始密切关注他们这一代人是如何看待鲁迅的（《对漫画世代的期待》，《周刊朝日》1976年11月12日号）。鲁迅自己就对漫画很有兴趣，所以研究身处邻国日本的年轻人如何通过漫画来看待鲁迅，对他而言也是没有偏题的。当时四方田犬彦所著，配有插图的漫画《鲁迅》（青铜新社，1992年）就是一套系列丛书形式的鲁迅传。这套丛书甚至还提到过鲁迅的第一任妻子，这是竹内从一开始便有所预感但刻意避免涉及的内容。即，鲁迅在留学日本期间曾被家人骗称"母亲病危"而紧急回国，结果却是被要求参加早已准备妥当的婚礼。当时他本人是并不打算成亲的，但一且离婚，便意味着那位妻子将无法生存下去。妻子的名字叫朱安，因为缠足，只能像小鸟一样迈着步子走路。她长年照顾着鲁迅的母亲，在鲁迅教孩子做体操时还会在庭院一隅用她那行动不便的身子跟着模仿。四方田在其《鲁迅传》里写道：这次成婚，事实上和"中国"一道给鲁迅文学造成了深刻的影响。

竹内对漫画没有喜欢到想读的程度。不过，对于他当时不愿涉及的鲁迅《故事新编》，他到了晚年却开始有了兴趣。因为除了漫画之外，竹内也对神话、寓言很有兴趣。可以说他一直坚持描绘的中国人民形象、日本国民形象，如同寓言一般自始至终存在于其内心。对竹内批判日本共产党一事有着深刻理解的吉本隆明，曾对其《致日本共产党》一文有过转引，如下：

> 所谓的"人民"，是指一种具有精神道德和革命担当能力的自由人。绝不会是向权威（包括共产主义本身）献媚的奴隶。这些人，或许本身是从奴隶进化而来的，但其进化的作用却并不会发生。（《致日本共产党》，《展望》1950年4月号）

转引此句后，吉本隆明又写了如下追悼竹内的文字：

　　最近我的感触又加深了：所谓天才型的文学家和思想家，一定会写出童话，哪怕出现自相矛盾也会去超越自己，认真地写正确的事。竹内那句富有思想的发言也是天才型的。换言之，它具有童话般的，抑或正确的性质。对于我这样总是不带半点犹豫的人，或者对于那些从不顾虑他者的人来说，这是一段永远也不可能写出来的话，同时，也是一段不朽的发言。在此以后，曾有各种各样的人朝着他这段富有思想性的发言不断攀登，但却负伤、死亡、滑落，也可能有人仍在匍匐前进。事到如今，人们依然在不断尝试，尚未取得成功。但从来没有人觉得他的话不好，也不会有人怨恨。因为这句话，是真的很纯粹，如童话一般。

　　竹内做出这句发言的背景及其个人经历，实际上和我们并没有太远的距离。他曾在其他场合指出，包括日本马克思主义者在内的近代主义者们，战败后把自己想象成了受害者，以便"躲开满身血污的民族主义向前迈步"。我是在如下一层意味上理解这句话的：经历过战争的大众进入到战后，应该始终抱有一种"自己存在先天性残疾"的意识。当然它也反映了一种伦理：绝不允许以往的天皇制和统治者在战后摆出一副佯装不知的嘴脸培养下一代。此种态度是竹内的思想性肉体，从未改变、经久不衰，一直延续到了其《近代的超克》中。我喜欢的正是这种思想性肉体。（吉本隆明：《追悼私记》，JICC 出版局，1993 年）

始终在自己的内部保留着童话。这样的人，可被认为是不曾远离日常生活节奏的人。不过竹内原本并不是这样的。他在创立中国文学研究会时，曾麻利地办妥了数量惊人的组织工作。而在从事撰写评论的工作时，则有着一种"必须要把自身努力落实到日常生活方式上去"的信念。譬如他认为明治维新是一场从幕末到明治以创建"日本国民"为目标的大规模运动，因此就去提议民间人士在 1968 年举办明治百年的庆祝活动，并主动投身于有关明治维新的共同研究，继而参与了《共同研究 明治维新》（思想的科学研究会编，德间书店，1967 年）的出版工作。

对于 1960 年 5、6 月发生的反对岸信介内阁强行批准《日美新安保条约》的运动，当时身处旋涡之中的竹内曾写下过"如今精神之革命正在进行"的字句。或许是为了担负起此句的责任，随后的七年间，他每年坚持在《周刊读书人》上发表文章。虽然和身处抗议旋涡的时候相比，竹内的干劲呈现出了逐渐减弱的趋势，但他将反对运动置于明治维新百年的大框架之下进行观察的初衷却并未改变。对于后来发生的越南战争抗议运动、批判大学制度所引发的"全共斗"[1] 运动，他也表示了共鸣。因为这里面也有对百年日本史之曲折的继承。对其而言，在 1960 年 5、6 月间发生的那场抗议运动，实际上正是其中的一个篇章。

1961 年 12 月，竹内接到了《思想的科学》杂志"天皇特集号"出版商中央公论社发来的停止销售、予以销毁的通知。接下来的十年间，他便再也不给中央公论社写稿了，且在其新社成立之后，转而配合新社继续对《思想的科学》进行自主刊行。

在竹内发起的各种各样的论争中，"国民文学论"给人留下的印象是：大家似乎并没有真正领会到竹内想要表达的意思，而是把讨论的焦点最终导向了"究竟是否符合日本共产党方针"的问题，结果使这场讨论无果而终。然而，前田爱却对此事展开了周到的追查，并写下了《国民文学论的未来》一文。

> 竹内在其国民文学论里隐藏的各种主题——对近代主义或自我意识中心之近代文学史观的批判、对日本浪漫派的重考、以政治性和思想性规范文学研究、文

---

[1] 全共斗是日本"全学共斗会议"的简称，即全体学生共同斗争的组织。

学的读者问题等——无疑都是能给昭和三十年代以后的文学批评和文学史研究带来某种方向性的潜在范式（Paradigm）。其最初的表征，包括如下一系列成果：山本健吉的《古典与现代文学》（《群像》1955年1—10月号），引发了重评古典的热潮并提示出共同体文学理论的可能性；远山茂树等人在岩波新书版《昭和史》上发表的评论《所谓"国民"的无人类之历史》；以及作为昭和史论争[1]之契机的龟井胜一郎的《给现代历史学家的提问》（《文艺春秋》1946年3月号）。不可否认，竹内的国民文学论成了他们思考反近代主义的触媒。（另有人认为，本多的《物语战后文学史》里也潜藏着国民文学论及《古典与现代文学》的思想脉络）。

但是，在竹内的国民文学论影响下对各个主题分别展开详考的却是那些比山本、龟井等人更加年轻的、于20世纪50年代逐渐形成思想的一代人。譬如，针对将《浮云》视作近代文学起点的自我意识中心之近代文学史观，飞鸟井雅道的《政治小说与"近代"文学》（《思想的科学》1959年6月号）就曾论称"近代文学的真正起点应是政治小说所具有的民族性"；而桥川文三的

---

[1] 20世纪50年代围绕岩波书店《昭和史》一书发生的学术论争。

《日本浪漫派批评序说》（未来社，1960年2月），则细致地检讨了日本浪漫派所体现出来的政治性浪漫主义性格。飞鸟井雅道在其论文收录于《日本近代文学之起点》（塙书房，1973年9月）时，在"后记"里写下了这样一句话："我记得平冈先生（平冈敏夫——引注）曾指出，此论的精神先驱是20世纪50年代竹内好先生提倡的国民文学论，此种事实，不禁让人感到他已看透了一些问题，值得我们脱帽致敬。"而桥川文三，我在出席一次座谈会时曾询问他："国民文学论和《日本浪漫派批判序说》是否有所关联？"结果他一脸严肃地给了我否定的回答。当时我感到特别意外，但事到如今，我找到了一个答案：桥川是非常仰慕竹内的，所以他当时厌恶的或许是那个导致竹内国民文学论无果而终的日共"所感派"[1]的"国民文学论"。（前田爱：《国民文学论的未来》，《思想的科学》1978年5月临时号）

提出国民文学论后，竹内曾阅读过石桥湛山的著作并意识到自己的不足。石桥曾在大正初年有可能修正日本国家轨道之际果断发表过时评，始终坚持自身主张。在明治末年，

---

[1] 日共1950年内部分裂出来的派系，赞同《关于日本情势的相关所感》。

他本是一位文艺评论家，其评论的基准是"要在文学中探寻改善国民生活水平的力量"。阅读石桥的著作对于晚年的竹内来说是一个重要的事件。因为他的"国民文学论"正处在石桥湛山明治末年的文艺批评，和十余年后飞鸟井雅道政治小说论的中间位置。再加上，尾崎秀树受到刺激后又开拓了大众文学史的道路。因此可以说竹内的"国民文学论"在明治百年的大潮流中并非孤立的存在。

若将西欧的论坛作为模本，那么对"沉默是论争的一部分"这句话，我们是很难理解的。竹内的理想，是追求言论和沉默的对等均衡。劳伦斯·奥尔森（Lawrence Olson）曾对竹内做过细致的考察，他认为竹内最为高产的时期是1945年到1960年之间。而桑原武夫，则在其《竹内先生与我》（《展望》1977年5月号）一文中强调：在那段时期里，竹内才是阐释"民族"思维之意义的第一人。可以说在战后初期的民族、民族主义思潮退去之后，竹内仍在不断追问"民族"的工作中发挥着重要的作用。

1960年以后的17年间，竹内的评论活动也并没有停滞和荒废。而且令人意外的是，他还在当时的年轻一代中发现了几位优秀读者。此种情况，通常是一位读者对应着一个人的著作。

　　1960年，是从思考战后民主主义的原理出发，对战后民主主义的空洞化展开实证性的研究。1970年，则继续背负着1960年所欠下的债。也就是说，从对战后民主主义本身的怀疑出发，尝试去解构战后民主主义的大框架。在这种情况下，对外提出的解构要求势必会作为一种自我否定而对内产生作用。它们最终都会走向自身的目的化。之所以如此，是因为解构之后的展望和对内否定的据点都将走向消失。而且，两者本身也是等位的。

　　这个问题实际上和"1970年为何没出现1960年那样的国民性运动"是相通的。为什么呢？因为得到深化的只有知识分子的批判而已，原本应该作为基础的大众之实像逐渐丧失了。对他者之否定成为对自身之否定时，它应是一种能够无限囊括他者的自我展开。而一旦无意识地排斥他者、指挥他者，化为自身的运动，那么在内部可称为"大众"的"抵抗"据点便将丧失。

　　若要让沉默走向深化，让沉默获得作为实体的重量，时间（历史）和肉体是必不可少的。而在这种深化和时间流逝的过程之中，不断追问自己过去的实体性时，势必会面对一种责任和义务，即不仅对上一代人，甚至对很久以前的历史，都必须形成一种具有肉体性的共感。这个道理，前人也是提到过的："史学绝不是在探索以前的故事，而是一门人类探索自我的学问。"（柳田国男：《青年与学问》）。"传统"之所以能成为问题意识的核心，其原因正在于历史和我们自己保持着某种联系。

竹内对于 1970 年的事情并没有做积极的评论，被漠视的一代人反而去挖掘竹内，这真是有些讽刺意味。但是，竹内展现给我们的这种沉默和时间的实在却是确凿无疑的。而且也可以说，正是通过这种沉默和时间的实在，我们得到了一种超越两代人彼此分裂与诅咒的、投向民族传统和历史的视角。（中川几郎：《竹内好的文学与思想》，Origin 出版中心，1985 年）

松本健一和中川几郎一样，出生于 1946 年。他曾对竹内著作里包含的某些动向和趋势做过如下分析：

他曾在昭和二十三年（1948 年）的《中国的近代与日本的近代》里写道："诺曼认为（《日本的士兵和农民》中——松本注）没有使用隐岐岛自治体有关人民方面的文献（第 94 页），这几乎是对整个日本的学问展开了批判。"竹内这段批评的话语，即是在说：即便到了 8 月 15 日之后，"人民"这一他者仍旧没有被我们纳入视野之中，彻底的自我否定并没有真正完成。

我记得，十多年后，我再次读到这段话时，曾专门睁大眼睛去找了一遍第94页。不过诺曼的这句点评在岩波重译的版本里位于第65页。结果我发现，那其实也不过只是一行注释而已。

诺曼确实在那里指出"没有使用人民的文献"，而竹内则将其理解为：这是批判整个日本学术界缺失了"做学问的热情"＝"业余爱好者的精神"。想来，诺曼和竹内的话对我们而言也是一种启示。若没有此种启示，恐怕我们也不会去隐岐岛看一看吧。（松本健一：《竹内好论》，第三文明社，1975年）

在没有参考人民文献的情况下研究人民的抵抗，意味着日本学界以往所做的努力算不上什么学问。但是，若没有那些做"不是学问之学问"的人，真正的学问也是不会诞生的。研究者能通过搜寻文献里不曾存在的人类思想印记，超越知识分子和非知识分子的界限，将自己的视线落在生活者之上。正因如此，竹内的文章拥有着转移读者视线的力量。而且，视线被转移的读者，还能够进一步跨越日本国民和非日本国民的界限。竹内就是这样为读者们做好了超越明治国家"国民"概念的准备。对于欧美的启蒙主义成为日本舆论界主流一事，身处日本以外的劳伦斯·奥尔森曾说：那段

研究近代中国文学和政治的岁月，给竹内的民族主义带来了
"亚洲"的色彩。民族的自豪感与独立性，只会来自从民族
文化内部发源的抗议运动，绝不会来自对外国制度的冷静分
析。除了 1960 年 5、6 月之外，日本人在历史上并没有经历
过其他类似的抗议运动，所以只有走上这条道路，日本人才
能够在未来的世界文化中准确把握住自己。（Laurence Olson,
Ambivalent Moderns, Rowman & Little field, 1992）

　　无论在国民文学上还是民族主义上，竹内使用的一些词
汇都是战争时期日本政府及其御用文人曾经使用过的。按常
理来说，一旦力量强大的人和力量弱小的人使用同一个词，
那么这个词所具有的内涵势必将偏向力量更强的一方。所以
竹内选择这么做，当然会导致其不得不放弃向更多人展开宣
传。不过，他所说的内容事实上也和战时日本政府宣传的内
容有所不同。而竹内著作的特色，正在于这种"时代虽已改
变却仍旧发挥作用"的性质。

　　　无论是竹内反复摸索得到的东西，还是我们应该从
他那里继承的东西，都只会是一种和政治分离后能够培
养政治性思想力量的方法。这里所谓的"政治"，即指
对党派利益的认知和行动的操作性。而"政治性"则是
改变认知和行动之间相互关系的力量与方向性。例如，

我们可以联系天皇制来思考这个问题。众所周知，作为政治制度的天皇制如今已经跟着旧宪法[1]完全解体了。但是，现在失去了政治权威的象征天皇制，可以说其实际机能里真的没有了政治性吗？恐怕，答案只会是否定的。如今天皇制以现代日本的宗教问题为媒介，仍然继续留存在人们的生活体系之中。而此种得以持续的天皇制，显然还能发挥政治性的机能。

　　竹内的所有工作，概括而言即在尝试和此种意义的天皇制展开全面对决。这并非言过其实。他不断追寻着作为"异教"的中国近代史和名为"亚洲"的他者形象，将与日本及日本人对峙的他者作为指标，从而获得了变更一切关系的力量和方向性。

　　……

　　其本人亦承认，无论是自己的思想还是政治判断，都最终走向了失败。（菅孝行：《竹内好论》，三一书房，1976 年）

竹内好为晚年的评论集选定了《预见与错误》（筑摩书房，1970 年）的书名，这包含了他晚年对自己的确认：无

---

[1]　指于 1889 年颁布、在二战后被废除的《明治宪法》。

论是对"大东亚战争"的预测，还是对中国革命其后发展轨迹的预测，他的预见都是不准确的。但是，即使犯了错误，这个人也绝不会继续另起炉灶，从相反的方向进行预测。他从现在所处的位置上反复回头衡量自己的预测究竟偏离了多少，并承认这种偏离。进而，包括对这些错误的认知在内，对自己原来的预测中包含的某种真实进行甄别，并保留这个部分。这种做法可以称为错误的力量，或者失败的力量，我感动于支撑着这种判断的冷静与勇气的结合。

后　记

读过劳伦斯·奥尔森的竹内论后，我曾感到竹内对很多人而言，在最大程度上扮演了代父（Father-surrogate）的角色。

1955 年我被卷入周刊杂志和日刊报纸所捏造的丑闻（关于金钱和男女的问题）时，竹内正担任"思想的科学研究会"会长一职。他不厌其烦地处理着日常事务，保护着研究会，也保护了我。对此我深表感激。一旦提到这事，我的私人感情便会被带入进来，从而给竹内的形象增添另一抹色彩。我原本是希望避开此事的，想把他当作一个与我毫无瓜葛的人，通过其著作本身描绘其形象。但是，由于我个人的偏见和知识的欠缺，终究无法客观地予以评价。竹内也曾说我是"公私混同的大家"。

现在我的眼前正摆着三本书：《追悼 竹内好》（鲁迅友之会编，1978 年）、《竹内好回想文集：然而，人心比宇宙宽广》（谈竹内好先生编辑组编，1978 年）、《竹内好研究》

（思想的科学社，1978年）。重读一遍，我又感受到了竹内作为一名文笔家面对各个读者时的那种姿态。这个人，能把面前每一个人的潜在力量激发出来。这其中就有扎根于其人生态度的方法。

在那本《追悼 竹内好》里面，有一段丸山真男的谈话。它很好地描绘出了竹内的这种姿态，故在此引用如下：

> 我喜欢竹内的一点是：他绝不会把自己的生活方式强加于人。可能会有很多人说他过于苛刻严格吧。但是，所谓"苛刻的评论家"通常都是"严于律他、宽以待己"的。他们很自负，会把自己的生活方式作为衡量他人的标准。竹内可不是这样的人，他对别人的不同生活方式是非常宽容的。当然，他也曾对人的处世方法提出过苛刻的意见。但那也具有一种作为原理的"宽容"：人不能随波逐流，在别人基于自身立场做下决断后，即便自己觉得不能那么做，起码也应该尊重别人的行为。很遗憾，这在日本知识分子里面是非常少见的。大家缺少一种将他者作为他者的同时亦从他者内部予以理解的视角。这是在日本这种"大家都是日本人"的社会里很难培养出来的感觉。日本人啊，总是很难认识到人各有志，如其面貌各异。甚至可以说，日本是一个全场一致

的"毫无异议的社会"。所以日本人才会反过来对任何异议毫无兴趣、全面否定。原本日本也有"勉强予以宽容"的现象。但那是一种为了保持集团内部的和谐而认为"无伤大雅，可予宽容"的做法。此种"宽容"甚至极为奇妙地与"片隅异端"保持了共存关系。这并不是以"十人十色、人各有志"为出发点的宽容。在竹内那里，或许存在着一种与生俱来的资质以及和日本完全不同的来自"中国"的锻炼。他那种丰富的"他者感觉"，和身处岛国的日本人形成了鲜明对照。这不仅体现在其个人的人际交往中，也在其思想论里得到了展现。但若要对此加以深入讨论，恐怕会引出深刻问题，所以我就说到这里。（丸山真男：《与小好先生的交往》，鲁迅友之会编：《追悼竹内好》，1978 年）

竹内喜欢"国民"一词，并不信仰"国家"。用他自己的话来说，即对日本国的信仰（关于此点，卢梭的《社会契约论》讲得较为清楚）实际上应属于用法上的特例。这是显而易见的道理。和当时日本政府使用的"国民"概念不同，竹内的概念里显然具有骑马越垒的倾向。他的"国民"中存在着浪漫主义、世界主义以及无政府主义。在他的天皇制论调里，我们能够明显感受到一种试图从现在（捆绑其自身）

的天皇制中逃离的挣扎。

　　本书写到三分之二时，我突患小脑梗塞，自 1993 年 8 月 13 日起反复住院、出院。1994 年 4 月 2 日出院以后，我开始以口述形式继续完成本书的写作，其间得到了田村武先生的大力协助。本书得以问世，真是多亏了田村先生，也多亏了早山隆邦先生自始至终在编辑方面为我提供的帮助。再次深表感谢。

鹤见俊辅

1994 年 7 月 15 日

对后记的补充

1964 年 3 月，日本成立了"中国之会"，于是杂志《中国》的相关工作就从出版社独立出来，开始自主刊行。1964年 6 月，竹内在该杂志的第 7 号上以无署名的形式向同仁们发出了六条"约定"。（同人们曾在 1963 年 11 月 15 日讨论过此事。）

一、不反对民主主义；

二、不发表政治言论；

三、在追求真理上无自他区别；

四、不再从世界大势谈起；

五、不相信良知、公正、不偏不倚；

六、基于日本人立场思考日中两国问题。

（《"不发表政治言论"之辩》，《东京新闻》1964 年 6月 18 日刊，再次收录于《中国》第 9 号，1964 年 8 月）

对竹内好而言，这是一种如独立守备队队长般令人满意的文体。在他看来，所谓革命并不意味着某一政治党派夺取权力。

所谓"不发表政治言论"，展现出了竹内的政治思考，其背后也有着对"革命"的理解。而对其施加影响的正是20世纪30年代林语堂等人在《论语》上发表的《论语社同人戒条》。

杂志《论语》是林语堂和陶亢德于20世纪30年代创办的刊物，其中具有浓厚的社会讽刺色彩。其"戒条"的措辞，似乎很符合林语堂的风格。为了方便理解，兹引用转译如下：

一、不反对革命（抑或不反革命）；

二、不批评我们看不起的人，但我们所爱护的要狠狠批评（如我们的祖国、新式军人、有希望的作家及非绝对无望的革命家）；

三、不说别人坏话（下一句不是很懂。开玩笑不可过度。尊崇国贼为父固不可，名之为王八蛋亦无益）；

四、不拿别人的钱，不学他人的话（不做任何盈利的宣传，但可做义务的宣传，甚至反宣传）；

五、不附庸文坛，更不附庸平俗（不捧旧剧明星、电影明星、交际明星、文艺明星、政治明星及其他任何明星）；

六、不互相吹捧，反对轻薄主义（暂将肉麻主义译成此词）（排斥一切如"学者""诗人""我的朋友胡适之"等套话）；

七、不写，不刊无病呻吟、花柳情调之诗歌；

八、不主张正义之道，只谈率直的私见；

九、不戒癖好（如吸烟、喫茶、观景、读书等），并不劝人戒烟（亦有鸦片之意）；

十、不说自己文章不好。

以上，这样的文章我没办法充分译好。

模本到底是模本，确实比我们的"约定"说得更清楚。（《关于〈论语〉》，《中国》第52号，收录于《竹内好全集》第10卷）

当然，林语堂也曾有过更像林语堂风格的先例，即英文杂志《The Masses》。

但总之，我一直觉得他所发起的倡议似乎是有根据来支撑的。而且最近我也终于找到了这个根据。要做到独创确实是极为困难的。不过人类的思考终究还是非常

235

相近。

20 世纪 10 年代的美国，正处在一个小型杂志不断涌现的时代。而杂志《The Masses》便是其中之一，它同时也是那个著名的《New Masses》的前身。据说其创办者是 M. 伊斯门（M. Eastman），此后 J. 里德（J. Reed）也加入了进来。我听东京大学报刊研究所的挂川女士说，该刊卷首便写着一篇奇怪的宣言，兹将其原文摘录如下：

This Magazine is Owned and Published Cooperatively by its Editors. It has no Dividends to Pay, and Nobody is trying to make Money out of it. A Revolutionary and not a Reform Magazine; A Magazine with a sense of Humor and no Respect for the Respectable; Frank; Arrogant; Impertinent; Searching for the True Cause; a Magazine Directed against Rigidity and Dogma wherever it is found; Printing what is too Naked or True for a Money-Making Press; a Magazine whose final policy is to do as it Please and Conciliate Nobody, not even its Readers —— A Free Magazine.

真是一篇非常漂亮而有韵律的文章，靠我的能力是翻译不好的。同时，这不是中文而是英语，内容上也不算难，所以在此就不予翻译了。不过为慎重起见，兹将其大意总结如下：这是一份没有稿费，也没有利润的同人杂志。是一份非改革的、革命性的杂志；带着幽默精神，不尊敬应该尊敬（有社会地位）之人的杂志；追求真实而蛮不讲理的杂志；反对偏见与死板、被谋利的报刊视作"过于率直且真实"的杂志；同时也是一份对谁都漠不关心，甚至不关心读者而想恣意妄为的杂志——自由的杂志。

对于这里的"革命性"需要做一个解释。该杂志在 1911 年创刊之后，曾一度基于"合作主义"（Corporatism）的立场摆出了"改革性"的态度。然而经过 1913 年的改组，它转而变得激进起来，并利用此次机会把上述宣言发表在了杂志上。关于其具体情况，大家可以参考挂川女士在《东大新闻研究所纪要》第 15 号（1967 年 3 月）上发表的论文。（同上）

另一方面，竹内所写的"约定"比起马克斯·伊斯曼（Max Eastman）来说，在风格上是更加接近林语堂的。他的革命观来源自孙中山，也可认为与杜威一脉相通。在杜威看来，公众之间的彼此约定是极为重要的，通过公正之手续反复实施的自由选举正是革命的制度化现象，亦可将其视为革命的一部分。

在"中国之会"的这个约定遭到内外批评、逐渐丧失社会影响力之际，竹内又拿起笔来写下了这样的文字：

> 正如各位在杂志上所看到的那样，"约定"还只是一个暂定方案，并非最终决定。它目前尚处在保留的状态，等待会员们进行更多的讨论，来决定是否采纳抑或提出修改意见。在最初阶段，大家曾提出过各种各样的意见，其中一部分也刊登了出来。但随着时间的推移，或许是因为热情的逐渐减退，讨论变得不再活跃了。甚至这份"约定"本身的存在，也可能已被遗忘了。
>
> 作为我来说，很难决定"应该重新唤起大家的关心，还是就此放任不管、任由它去"。我自身也面对财政的拮据。林语堂的《论语》曾引发过热潮，而我们的《中国》不要说热潮了，甚至不曾被人提及。总之或许是因为我做得不好。
>
> 君不见滔滔天下之物，皆为大与公之旁若无人乎。麻雀虽小五脏俱全，一寸之虫也有五分之魂。(《五分之魂：关于约定》，共同通信社，1967年1月，再次收录于《中国》第40号，1967年3月)

产生分歧的原因，应该是竹内的"政治"思考并没有在

"中国之会"的内部得到广泛的认可。

所谓"不发表政治言论"，被理解成了要逃避政治的意味，所以很多反对论者大抵以此为理由强调此句是不合适的。不过，我的想法却略有不同。政治可以用力量来管束人，却无法支配人的整个精神领域。一旦政治的企图全面支配人，那么人不仅会窒息，而且政治亦将随之衰弱。如今，和平运动和文化运动已经完全展现出了其弊端。日中两国之间的问题，亦不例外。

文化运动为了能够自律，必须拒绝政治的不正当支配。这不是一种逃避，反而是和政治划清界限的方法。为此，我们必须自主地抑制那些直接性的政治效果。让恺撒的问题归恺撒。这便是间接性政治效果得以产生的原因所在。

政治本身是一种不可避免的恶，但政治主义却并非是不可避免的恶。我想把恶排除掉。这正是我理解的第二层意义。因此，如果把这层意义转换为肯定形式的表述，那它或许就是"反对政治主义"。但是这种表述方式并不符合我们的审美感觉。顺带一提，我之所以选择否定形式的表述，也是从胡适和林语堂那里学来的（"你看！所以他是反动的！"政治主义者们可能又要据此来胡说八道了吧）。

我的解释，当然只是很多解释里的一种。我们非常欢迎大家提出反对意见，同时，也为此开放了杂志的版面。（同上）

竹内虽然（在感情上）反感胡适和林语堂，但（在理智上）却从他们那里学到了很多。其思想特色就是如此造就的。

他的这种政治观和对"文化"的理解有着密切关系。而且能和"文化"的圈子作用连接，回到"文化"的"政治"上去。

以往的文化团体，认为圈子是固定的，所以会去建立文化运动的外包单位或者下级组织。这对于圈子的发展来说不是好事。因为那些"唱歌"的圈子有时会变成文学的圈子，文学的圈子有时又会变成戏剧的圈子。

那么，这样就不需要领导了吗？我觉得是需要的。但那不能是一种如上级强行下达命令般的领导，而应该是尽量基于经验教训，采取协商方式的领导。同时，我也觉得在现在的状态下，技术指导是极为必要的。当然也不可过度。所以作为圈子来说，还是能自行培养、锻炼出技术来为好。

圈子和圈子之间的关系归根结底必须是对等的。无论圈子是大是小、是新是旧，关系都应该对等。圈子如果是一种有机体、生命体，那么这就是必然的。我们必须尊重圈子的人格。

因此，和现有各种文化团体（例如"新日本文学会"）的关系也不能是从属关系或"支配与被支配"的关系。它应该是一种朋友关系、技术援助性的关系。文化团体不能把圈子置于自己的手下，也不能相互之间争夺圈子。

归根结底，应该尊重圈子的独立性和自主性。希望各个圈子能够逐渐走向构建协商体、联合体的道路。我觉得，未来文化运动的基本方针应该是圈子本位的。（《关于圈子》，《新日本文学》1955年8月号）

从"无论圈子是大是小、是新是旧，关系都应该对等"这一句中，能够看到竹内好那种希望迎来"圈子联合体"的理想。

竹内在这篇文章里，还对毛泽东的《论持久战》做过很高的评价，同时也认识到：人类为了自主地活下去，需要建立根据地。而他对于"文化大革命"，则采取了批判性观望的态度。

　　和竹内处在相反阵营的苇津珍彦，曾就竹内作为论争家的处世风格发表过如下意见：

　　　　如果只是讨论其中的一点，那么可以认为他说的是正确的。但他摆出的姿态却是："你的刀不过是用来砍手臂的而已，我可是用来完成袈裟斩[1]的。"世上有不少知识分子，总是会致力于回避对自己不利的资料，仅选择那些有利的资料来提高取胜的概率。这种做法在法院的律师那里或许可行，但作为学者或思想家来说却不可以。甚至会给人一种卑劣狡猾的不快之感。

　　　　……

　　　　竹内先生无疑是做事认真、学识渊博的思想文人。若从我个人的立场毫不掩饰地说，他是一位故人见稀的"偏见的泰斗"。所谓的偏见家，往往会引发别人的侮辱或不快。但我却不同，即使认为竹内先生的意见"带有偏见"，也大多会以尊敬之情去听取、学习。看到他那种毫无半点卑怯、毅然展开雄辩的英姿，我总是会感到既爽快又似曾相识。（苇津珍彦：《偏见的泰斗》，《竹内好全集》第 12 卷月报，1981 年 8 月）

---

[1] 即日本剑道中从人体右上方斩向左下方并完全斩断的刀法。

竹内已经去世 17 年了。但我时常会在别人写的东西、说的东西里面，隐约找到竹内的影子。他确实出版过几本书，然而这些书，实际上也只是在和一位读者展开对话而已。

鹤见俊辅

1994 年 8 月 15 日

附录
战争时期思想再考：以竹内好为线索

　　人往往会因为想要忘却而遭到报复。在接下来的新时代里，日本不会再发生这种事了吧。我觉得日本人那段战争时代的漫长记忆便是如此。从这一层意义而言，战争时代发生的事情就会成为接下来要面对的问题。在我所知范围内，在战后长达 37 年的时间里，始终紧紧咬住战时问题不断展开写作工作的就是竹内好。与其回顾整个战时，倒不如对他的道路做一番思考。

　　竹内出生于 1910 年，于 1977 年去世。之所以要讨论他，是因为其撰文方式和其他人有着天壤之别。比如考虑战时的问题时，我们往往会去关注"当时谁没有犯错"。这是明治时代以来日本学校教育造成的结果。即，完全按照老师说的去做就能得到满分。抑或是认为老师不会有错，因此去积极地模仿。通过学校教育，此种作风逐渐普及到了整个日本社会。于是，我们受到了惩罚。在考虑战时问题时总是去寻找那个不曾犯错的人并试图加以模仿。在此种影响下，生存的力量便很难在当今的时代萌发出来。我们正在因为日本学校教育的普及而遭受惩罚。

让人意外的是，竹内虽从大学毕业，其著作看上去却不像是大学毕业生所写。里面富含着一位"生活者"对普通日常生活的感想。我曾和竹内打过交道，仔细想来，他的厚重比我母亲要少几分。我想表达的意思是：从出生以来我就经常挨母亲揍，甚至感觉自己会被打死，真是勉勉强强才活到了今天。这份厚重，让我终生难忘。而竹内给我的厚重只比母亲少几分而已。其原因并不在于和他的多次会面交流，而在于他的文字进入了我的内心。现在他的全集刚刚出版问世，所以接下来，我想围绕其第14卷——战争期间竹内文章著述中已得刊出的部分来谈一谈。

中国文学研究会的成立

一言以蔽之，竹内的著作在满洲事变——也就是1931年的九一八事变——以后，就始终带着一种"对日中开战感到不安"的情绪。不过到了1941年12月8日，日本以"大东亚战争"的名义向美国、英国、荷兰正式宣战之后，他的心态却突然发生了改变，走向了全面支持战争的立场。所以，我想试着去回溯上述一段时期竹内的文章。那应是他二十岁至三十四岁的时候。

你们现在也差不多是这个年纪吧。你们可以想象一下，如果自己处在当时的环境，会怎么去做。这样一来，就应该能够把自己再次置于本源的位置。当然，要真的做到这一点也是非常困难的。让·盖埃诺（Jean Guéhenno）的《让-雅克·卢梭》是一本很有意思的书。盖埃诺是现代人，比卢梭晚出生 200 年之久。但他在反复研究卢梭出生以来的资料时，总是会把卢梭未曾经历过的事情刻意排除到自己的视野之外。比如在研究五岁的卢梭时，他会把卢梭五岁以后做过的事情，写过的《爱弥儿》等全部忽略。研究他五岁的情况，就只使用他五岁以前的资料。而关于青少年时代的卢梭，就只会去写他和瓦朗夫人的那些情事。盖埃诺的方法就是按照时间顺序，依次把事情累积下去。所以他的作品在众多卢梭传记中是最为出类拔萃的。这就是想象力发挥的作用。这对我们将来非常必要。不能只是口头上说以后想当学者或想当作家，这种想象力的发挥，是必须要去具备的。

竹内当时是二十岁至三十四岁之间，我看你们的年龄和他当时也差不多，所以可以试着想象自己身处九一八事变之后的日本。九一八事变的原因，根据当事人的手记，政府曾一度宣传是中国的暴动分子为了给日军制造麻烦而炸毁了一段铁路，但事实绝非如此。事实应是：日本陆军派驻当地的参谋[1]瞒着政府自己偷偷炸毁了铁路，然后公开宣传说这是中国人干的，并发起了军事行动。事情就是从这个时候开始的。此后日本政府也公开宣称"此事系由中方所挑起"，但实际上其内部也有人知道究竟是怎么回事。竹内在当时的日记里记载过此次事变。他当时还是东大文学部中国哲学与中国文学系的一年级学生，大学一年级而已。看到自己研究的国家和自己的祖国发生战争，当然是极为关切的。而且从最一开始，他就感受到这是一场"强者欺凌弱者"的战争。

在这样的情感状态下，"中国文学研究会"创建了起来。这在如今看来是一件平平无奇的事情。但是他当时作为中国文学系的一名学生建立所谓中国文学研究会，却是一种大胆的行为。因为长辈、教授们都可能提出异议。但竹内终究是走上了这一条新道路。之所以要用"中国"来命名是因为当时的中国留学生们反感日本用"支那"这个称呼。后者不会受到中国留学生们的欢迎。那个时候还正在打仗呢。所以他们的这种想法极为强烈。另外还有一点，就是竹内不喜欢汉学。所谓的汉学在日本指的就是"汉文"。现在我们的大学

---

[1] 包括关东军高级参谋板垣征四郎、作战参谋石原莞尔等人。

已经没有汉文系了。但国语里面还会有所涉及。竹内之所以讨厌汉文，其原因在于：里面满是中国汉字，我们日本人总是幻想着稍微把它调整成日语的风格就能完全理解中国人的内心，就能明白关于中国的一切。同时还有一个原因，就是日本人很喜欢直接去引用汉文，从而导致自己说出来的东西既粗略又缥缈，让人不明所以。当时竹内讨厌的就是这些。就好像是在划船的时候往空中划桨一样，确实看上去很风光，也能说出不少冠冕堂皇的话来，但实际上船桨不在水里。即使不用汉文，日语现在也是能够成立的。因此他们当时的想法就是要尽量远离汉文。

关于为什么要和朋友一起成立中国文学研究会，以往是有一篇文章来做解释的。标题是《关于中国文学研究会》，其中说原因在于没有挣扎——所谓的挣扎大体是要折腾一番的意思，这也是鲁迅经常使用的词汇。中文的表达方式和日文不同，往往倾向于果断地、把事情明明白白地写出来，认为正确的就是正确的。但实际上这个世界里很多看似正确的事情，会和未必正确的事情保持着密切联系。很多事情既有好的一面也有坏的一面。不会存在所谓的绝对正义。就是这种感觉，唉，就是明明觉得自己是在做好事，结果却是个坏事。这种感觉用汉文是表达不出来的。我说的是日本式的汉文。所以，竹内的文章就是在说如何从汉文学科的做派里脱离出来，建立中国文学研究会的事情。这就是《关于中国文学研究会》一文的内容，撰写于20世纪20年代中期。而至于"中国"和"支那"的问题，在那个时候的日本，大家都是用"支那"一词的。因此称呼"中国"就意味着要另辟蹊径。这个蹊径就是明确地肯定中国人并确保与其展开对话。但是竹内后来去了中国，在那里教授日语，当时他乘坐人力车的时候却又感慨自己可能终究还是不能使用"中国"一词。他望着那个车夫的背影想着：我自己的学问对于这个人来说会有意义吗，或许还是"支那""支那人"这样的表述更贴近自己的感受吧。于是，他此后在中国文学研究会的月刊上发文时就又改用"支那"了。

这一点非常重要。竹内从内心而言是想用"中国"一词的，而且也因此和他的长辈、教授们发生过对立，甚至有过要抹黑他们的心思，但是他的情感本身却仍然存在动摇。竹内做了用"中国"一词的决定，但也未必一定要在所有场合都生硬地使用。他认识到这个幻想，随之迎来了全新的自己。这个陷阱是可怕的。如今的考试仍会灌输这种幻想。这会导致我们无法估量自己的能力和自我本身。因为这是在空发言论而已。

竹内此后在中国文学研究会月报上发表了《关于支那与支那人》等大量文章。里面带有一种"我还不能用中国一词"

的意味。他总是会去选择那些自己觉得方便的用词。这样一来，其内心的反复与动摇就不断持续了下去。因此他文体的风格就不会带有"我和长辈们不同，就是要一门心思说中国不说支那"那样的色彩。对他来说，选择了某个词汇，这个词汇仿佛就能变成孙悟空的金箍棒。柳父章曾说过一件有趣的事情：去城里租了一间学生房，在那里听到了疏远、扬弃之类很多自己不明白的词语，觉得挺难的。没想到有一次自己也突然冒出来一句"那不是太疏远了吗"，无意之中用了这些词，竟然得到了对方的赞同，于是便顿时感到兴奋高兴。学生们的那种氛围，就是即便不喝酒，情绪也能够一下接一下地高涨起来。比如一说"这就是疏远，你还不懂疏远吗"，彼此之间的情绪就上来了。此种情况自明治初年以来就存在，坪内逍遥的《当世书生气质》等就是如此。但中国文学研究会却不是这样的团体。所以才会刚讲了"中国"，过一段时间又开始讲"支那"。在那种反反复复、沉沉浮浮之间来回折腾、挣扎。纠结着有没有挣扎，自己文章里有没有挣扎。

　　这不是说学校的老师会看学生的文章里有没有挣扎。小学老师、初中老师、高中老师、大学老师，皆是如此。考大学的时候，电脑的评分也不会去看学生有没有挣扎吧。它会把文章里有意义的部分标记出来，从而决定学生是否合格。拘泥于挣扎的人，大抵是要名落孙山的。考试制度本来就是这个样子。能领悟到要领的青年往往会对自己做两种区分：在面对电脑时，从挣扎中脱离出来，接二连三地给出正确答案，换言之就是预想到老师觉得正确的答案并流畅地作答；而在其他场合，则是通过挣扎来面对的。能够做到此种区分的人，就是一个有能的人。当然与此同时也可能有人做不到这一点，因为这本身并不是所有人都能做到的。挣扎，终究和明治以后日本的教育体系不符。

在思考现代中国文学时，中国文学研究会关注的是小品文。那个《论语》不是孔子的《论语》，说是的林语堂等人创办的小型杂志。当然很讽刺的是它居然和孔子的《论语》同名。这份杂志里面发表了小品文，其文学形式值得关注。如果要用那种庞大形式的文学，比如长篇小说、长篇诗歌等，通过它们形式上的美感和独创性来批判现代中国文学，那么可以说，现代中国文学是没有那么优秀的。比不上同时代的日本文学。但是，现代中国的文学者们却在经历过自身的苦恼后，写出了小品文。进而不断付出努力，最终形成了一个文学杂志的中心。他们没有拘泥于形式，而是写着一些身边可有可无的事情。正是以这种小品文为中心，林语堂也好，鲁迅也好，开始崭露头角了。而郁达夫，作为竹内毕业论文的研究课题，他的作品和小品文还是有所不同的，属于"私小说"的范畴。总之，中国方面当时形成了这一体系。

中国也有不逊色于日本的优秀长篇小说。虽说是有，但如果去探索一番就能发现，它们并未真正睁眼看到中国的现代。比如可以和陀思妥耶夫斯基比肩的长篇小说、可以和马塞尔·普鲁斯特（Marcel Proust）比肩的独创性小说，以及可以和保尔·瓦雷里（Paul Valéry）比肩的精致诗歌等，若在中国寻找类似作品的话，将是一种以"欧洲现代"为基准的视角。若戴着欧洲现代的眼镜去观察，你或许会发现：日本能打65分或70分左右，而中国就只能打35分了。但这副眼镜，是应该丢掉的。

到了战后，我们看到出现了一些每天吃着带血的牛排、尝试去挑战诺贝尔奖的小说家。那都是日本的小说家。当时竹内等人并不是这样的，他们创办并经营中国文学研究会，是为了寻找另一种追求文学的方法。

他们曾阅读过中野重治的文章《斋藤茂吉笔记》。当时中野重治正在遭受长时间的禁笔，但这篇《斋藤茂吉笔记》却被允许发表。其原因在于：斋藤茂吉是一个赞美战争的人物。据说竹内读过这篇文章后曾深感钦佩，因为其中表达出了某种"态度"。文学就是一种"态度"。这部作品没有考虑长篇小说、长篇诗歌等文学形式，缺乏一定的整合性，但能够看到"文学"，能够通过其挣扎看到"文学"。换言之，能够通过一番折腾和挣扎，看到他在当时的环境里想要去表达

些什么。所以文章结论也不会在"是或否"（Yes or No）中
两者择一，可以通过其态度发现一些东西。中野重治，此前
一度是日本马克思主义文学的总指挥，此后被关押入狱时发
表了"转向"声明才得以重见天日。因此他那时是用另一种
文学风格来撰写《斋藤茂吉笔记》的。但竹内却从中读出了
一种和他"转向"之前一脉相通的东西，于是才会写下感想
称：这里存在着某种态度，而态度，正是文学本身。

竹内这种看待评判文学的方法，和其关注中国的小品文
一事是彼此关联的。有人认为鲁迅比不上马塞尔·普鲁斯
特，也比不上陀思妥耶夫斯基，但是竹内却并不这么想。他
在九一八事变以后的日本大环境之下，提出了一些不同的看
法。即，一种和中国文学相互交涉的形式。思考在同一个时
代背景下用挣扎来看待问题，和通过原理来看待问题，是彼
此对照的关系。

我当时也身处那个时代，也同样做过一些思考，所以没
有被竹内吸引过去。我和他不一样。我在那个年代是紧贴标
杆（原理）般默默忍受着度过的。我不肯定"大东亚战争"，
当时最大的心愿就是希望少杀人。甚至经常盼望日本在付出
较小牺牲的情况下战败投降。我那时的日记还写了很多艰难
的困境，不知道自己什么时候就会被军队抽查等等。从政治
上的结论来说，我和竹内的立场是完全不同的。但到了战

后，我开始对自己那种紧贴标杆般的默默忍受产生了怀疑。这是因为受到了竹内的影响。

　　所谓的紧贴标杆，这里面的"标杆"指的就是康德、斯宾诺莎，以及同时代的罗曼·罗兰、赫尔曼·黑塞（Hermann Hesse）等人。如若把目光投向世界，我就感觉能找到缝隙并把自己牵引过去，从而找到那种避免被日本军国主义洪流卷入进去的可能性。但竹内和我的这种姿态完全不同，他选择了另一种生活方法。当然，那肯定是非常危险的。其危险的一面出现在"大东亚战争"爆发之际。当时基于原理进行演绎才是更安全的。康德寻找了永恒的真理，发展出永久和平论并据此展开了演绎，这使我如今看似找到了自己应该如何生活下去的钥匙。但实际上，这并不是人类的生活方式。人类的生活方式，并不是这样的。

　　即便有着正确的原则，那也不过是第一原则而已。如果要准确把握身边的状况，就应该有一种在经验上完全不同的判断。除了康德，从不愿屈从于纳粹的意味来说还有雅斯贝尔斯（Karl Jaspers），他们都曾在各自时代的压力之下发出过自己的声音，都展开双臂向时代发起了挑战并撰写了自己的著作。因此，康德和雅斯贝尔斯并没有"紧贴标杆"。那个时代的压力转化成了他们自身的力量。这一点是必须要看到的。如果是学校教给我们的思考方式，那就只会是肤浅地学习康德的东西并加以演绎而已。因为只有这样，学生才能够在考试里取得更好的成绩。

在日本，或许是因为学生人数实在太多，学校往往会对其进行斗量筛分。也可能是为了方便处理事务，学校才这样去做的吧。但是，康德、斯宾诺莎、雅斯贝尔斯等人都曾有过挣扎、扭动的经历。所以如果不具备将其放在自己身上加以理解的能力，那么就很难真正领会到他们的思想。在战争结束以后我曾深切地感到：再用紧贴标杆的办法可能已经行不通了。反过来说，我虽然在战争时期没有把竹内的著作全部读完，但也觉得不读完并无大碍。因为我确实曾有过被他吸引过去的那种可能性。

"大东亚战争"和竹内好

刚才我把康德、斯宾诺莎等人和紧贴标杆联系在了一起。这里我再换一个别的例子。正如我前面所说，在划船的时候如果一味地往空中划桨看上去是比较风光的。我们的学习只学到了这个动作而已。所以船桨一旦放到水里去，可能就会坏掉。

竹内当时之所以向汉学摆出反对的态度，就是因为汉学像是正在水上拼命地划桨。他的目标是要从美文或雄文的文体中彻底摆脱出来。也正是在这个时候，"大东亚战争"爆发了。

1941年12月8日，竹内的思想发生了改变，进而在机关刊物《中国文学》上发表了《大东亚战争与吾等的决意》一文。这篇文章虽然没有署名，但他到了战后仍负起责任，将其翻印了出来。竹内这种不逃避责任的姿态，一直是非常明确的。

> 我们热爱祖国，热爱邻邦。我们相信正义，我们也相信力量。大东亚战争成功解决了事变，使其在世界史中获得了生命；而如今使大东亚战争本身走向完成的，将是我们。
>
> 我们甚至一直在怀疑：日本是否正在东亚建设的美名之下欺凌弱小。我们日本不是惧怕强者的懦夫。当战刀向强敌举起的时候，一切都得到了证明。
>
> 我们与我们的日本同为一体。

他当时写下了这些文字。因此，其立场也能够被归于军国主义。这样下结论也算是说得通的。竹内还曾在其他的文章，比如《读王国维特集号》——王国维是一位中国学者、政治家——里写道："不过我个人的癖好是不喜欢用华丽辞藻来昂然放言的。"竹内的这句话，或许能够和他自己所写的《大东亚战争与吾等的决意》联系在一起。过去了近40

年之后，他依然可以感知到自己那篇文章的重量。这在其战后的文章中也得到了体现。

不过，《大东亚战争与吾等的决意》一文还是应该和他当时发表的另外两篇文章联系到一起来看。在同一时期，竹内另有五篇文章发表，其中最为主要的有两篇。其一是《关于大东亚文学者大会》。这个大东亚文学者大会当时在东京举办，由日本政府从亚洲各国召集了一批愿意和日本共同战斗的文学者参加。当时大会使用的交流语言只有日语而已。确实是一场很不像话的会议，明明有中国、朝鲜、印度尼西亚、缅甸等国的人员参加，却非要规定只能用日语。那个时候亚洲的文学者可不是都懂日语的。总之给人造成了一种强迫的感觉。中国方面的参会者，都是那些要讨好日本的人，或是实在迫于无奈只得服从日本政府的人。当时在日本以"中国"两字冠名的文学研究会，只有竹内等人的中国文学研究会而已，所以大会主办方就来邀请他们参加。结果却遭到了拒绝。他们拒绝出席大东亚文学者大会。

另一方面，是杂志《中国文学》的停刊。在即将停刊之际，竹内发表了一篇文章，里面说之所以要停刊是因为他们失去了党派性。我觉得竹内应该负有一些责任。因为如果在"大东亚战争"期间无条件地追随国家，势必是要失去党派性的。这是一种逻辑上的最终归结。那时，日本政府为了能够得到中国人的"合作"也开始逐渐放弃"支那"一词而使用起"中国"来。从这一角度看，有人会觉得中国文学研究会的立场是正确的。但在竹内看来，正因为变正确了，也就变狭隘了，于是他才会决定解散研究会。

> 我始终坚信，大东亚的文化只有通过日本文化否定日本文化自身才能形成。……日本文化作为日本文化而存在，其理由并不是要创造历史。因为这会反过来导致日本文化的固定化、官僚化，从而使其存在的本源趋于干涸。我们必须打倒文化的自我保存主义。除此以外别无他途。

如果解放亚洲的目标是发自真心的，而且要通过战争去实现，那么，日本人将会改变。恐怕日本这个国家也会走到濒临解体的那一步吧。（竹内好的宣言里）包含了那样的预见。

在此之前，大致在同一时期他还发表过一篇文章，即《关于现代支那文学精神》。里面强调：日本虽然宣传鼓吹了"大东亚战争"，但可以想象中国的文学者们不会马上在内心予以接受，所以必须承认中国人也有另一种文学精神。

> 五四运动以后的文学精神，虽然在表面的活动上遭遇了挫折，但是却在其沉默的背后不断地涌动着。……

假如，我们的大东亚文化之理想是与其背道而驰的，那么，我们或许就无法得到他们的支持与配合。相反，他们会把现代支那视作一个完整的体系，欣然迈入这一具有包容性的场所。不过这个场所必须是通过对近代日本和近代支那的同时否定来实现的。因此，为了予以实现，我们必须做下非常之决意并付出非常之努力。

这段话的言外之意就是在说，它作为一种政治思想是不会实现的，也是毫无道理的。这正是竹内作为浪漫主义者，其思想表现得颇为复杂的一面（也是我想要批判的一面）。而至于他究竟以何种方式支持了"大东亚战争"的问题，应该说，能够在其战争期间发表的文章里找到明确的回答。北一辉[1]曾在其著作《支那革命外史》里如此写道："向太阳射箭者，乃日本自己，此上天不允许者也。"就此，竹内亦曾表态称当时研究中国的日本人都有着此类观念。我们可以在其公开发表的《大东亚战争与吾等的决意》，以及与其相关的一系列附属文书中看到此点。

如果把这些文章放到一起去看的话，那么就像我刚才所说的那样，战争期间不全部读完竹内的著作应该也是无大碍

---

[1]　北一辉（1883—1937），国家社会主义者，右翼思想家、活动家。

的。由于自己没有被他吸引过去，所以我顺利地紧贴标杆，把反战思想和自身联系了起来。与此同时也意识到了自身的狭隘之处。

我在战争时期还曾读过小林秀雄、保田与重郎、田边元、西田几多郎、和辻哲郎等人的著作，但它们都未能从根本上打动我。莫如说我当时最喜欢读的书籍，应是在海军"酒保"[1] 那里看到的渡边一夫翻译的《巨人传》（*Gargantua and Pantagruel*）第 1 卷，这本书非常有意思。此外还有老子、鲁迅等，酒保那里都有。对于当时从军的我来说，这些书能够深入我的内心。

由于我成长在一个政治家的家庭，所以相对来说，从孩童时代起就能够经常看到这类人。同时，我也明白那些处在国家权力中枢的人是多么的愚蠢。他们在日本的中枢部门宣扬自由和亚洲的"解放"，但那些被派往基层的人员却在印度尼西亚整天殴打别人、虐待别人。所谓的"东亚解放"，不过是在中央、在议会的演讲时随便说说而已，实际上各地现场完全是另一派光景。

不过，竹内也在这里看到了别的东西。即，身为民众的每一个个体，把国家所做的决断当作自己的责任承担起来。

---

[1] 日军在其军队驻屯地设立的小商店，向军人销售食品、日用品等。

我是这么感觉的。那场战争，可不是仅凭领导者的一声号令就能完成的。也不是仅靠人们的服从便可完成的。人可能会面对死亡，是会死人的。但是，也有人下定了决心，非要来实现这个理想。他们眼中所看到的未来究竟是什么呢？或许也是日本的一种未来吧。但在那里面必然也会看到日本在亚洲所扮演的角色。所以这样一种情况，是否能够完全归类于军国主义是存疑的。其中的一部分，或许可以从东条首相和大政翼赞会的领导人那里展露出来。

从"过失"中学习

我认为重读竹内在战争时期发表的文章，能够更加让人感受到一股重量。尤其是他的《大东亚战争与吾等的决意》一文，以及此后撰写的，刚才我们提到的第二、第三份文书。把它们放在一起来看，意思就会变得很明确。对竹内而言，如果日本的文化不改变，那么包括朝鲜、中国、日本在内的亚洲之解放就不可能实现。为此，哪怕日本转向共产主义体制都是无妨的。然而这个目标也不是仅仅通过日本转向共产主义就能实现。里面有着共产主义、社会主义所不能解决的其他问题。我感觉这从当今世界上社会主义国家、共产主义国家的情况来看，应该是很清楚的。

竹内的这种想法作为对 1941 年 12 月 8 日局势的一种预测显然是错误的。日本不可能打赢这场"大东亚战争"。日本也不具备实现此种"理想"的能力。竹内做出了错误的预测，需要承担起责任。而在那个时候，我（比竹内小十二岁）也做过预测，但为了不让别人知道，我是刻意用英语写的"Prognostical documents"。里面的预测虽然没错，但我在战后却感到正确的部分并不多。

在战时所做的预测里，我当时紧贴标杆般与自己联系起来所做的预测是相对更准确一些的。不过，误判的部分也确实存在。或许是因为我觉得有些事情是不证自明的吧。但误判就是误判。如果是像输入电脑那样直接的方式，那么这些误判绝对是错误的。这是电脑的规则使然。然而，这种误判就真的是误判吗？

我们未来的目标，是要去努力构建一个不再侵略或伤害中国人、朝鲜人的日本人共同体。但是战后的日本却在不断地封闭这条道路。问题是俨然存在的，战后日本却抛弃了这个问题。于是，竹内在战后把那个被抛弃了的理想捡回来，分析了明治时代撰写《大东合邦论》并开展右翼活动、国粹主义活动的樽井藤吉[1]，点评了写过《三十三年之

---

[1] 樽井藤吉（1850—1922），国粹主义者、亚洲主义者、右翼活动家。

梦》的宫崎滔天[1]，以及不太被提及的右翼人物北一辉，等等。不仅仅是在战后，就像我前面引用的北一辉文章那样，竹内那种重拾理想的工作从战时便已经开始了。这就是其战时、战后所做工作的一部分。但这个工作的目标并不是要对战前、战时的右翼做出全面肯定性的评价。

重掌权力的岸信介不愿承担战争的责任，也不曾反思自己。他出任总理大臣之后，由于1960年强行批准《日美新安保条约》而引发了大规模斗争。当时的竹内，下了要尽全力与之对抗的决心。这无疑能够证明：他的立场完全不是要肯定战时的右翼。竹内没有刻意掩盖自己在战时发表的著作，而是将其公之于众，承担起了责任，并通过后续著作明确了自己在战后将要前行的方向。

日本的战后思想，就大学与论坛、传媒而言，都把自己的工作设定为选择战争时期最没有过失的人们的思想，并且继承它。就是说，像侦探一样去确认谁没有犯过错误；然后，在方向上将其视为与自己的未来直接相续。那些选择了正确道路的人很多都死了，所以，他们不会继续犯错误。此外，还有关在监狱里的和身处国外的人们。这些人当然都很了不起。可是，除此之外还有另外一条道路，那就是把自己

---

[1] 宫崎滔天（1871—1922），社会活动家、政治家，曾支持中国革命。

的过失作为过失加以明示，不断地对其进行反刍，在此基础上思考未来。区分出正确的思想，把它作为正确的东西固定下来，并且打算继承它，这样的操作就意味着总是在我们的生活中仅仅引入从即时性状况中割裂出来的课题或者原则。我也认为这样做是有意义的。……能够在六七十年里一直反复言说"和平""反战"的人，就算无法富有弹性地处理状况，也还是了不起的。不过，要是想在状况之中尝试着推进某些工作的话，仅有这样的原则是不够的，这就意味着只去赞美那些死去的思想。这就是如今大学、论坛所采取的做法。例如，河上肇是一个伟人，岩波书店也出版了他的全集。他曾放弃了自己作为帝国大学教授的地位，投身于共产主义运动。但是对于那个时代斯大林实施的大清洗，他为何避而不谈？关于这个问题，我曾从和田洋一那里得到过一些启发。在昭和初期的日本，一旦成功实现了革命，那么身为社会科学者却做预测一事，本身就会变成一种失败，本身就可能意味着错误。为什么战后河上肇的那些崇拜者不去向过失学习呢？换言之，为什么不在河上肇的过失里学点什么呢？当然也可以从荒畑寒村 [1] 的过失里学一些东西。因为他也曾对革命后的苏维埃政权大加赞赏，甚至一直持续到了苏

---

[1] 荒畑寒村（1887—1981），社会主义者、作家、评论家。

联政府开展"斯大林批判"之时。

从伟大先人的过失中学到东西，理应作为工作内容列入我们的计划之中。继承伟大先人的遗志，反而会导致问题变得模糊不清。这就是一种输入电脑般的做法。这样做虽然能考上大学，也能顺利毕业，但到了社会上却无法予以活用。这难道不是在一条极为怪异的道路上不断重复、反反复复地绕来绕去吗？

我认为应该从竹内好的过失中学习。这就是今天我们对问题的设定方式。不惧误解地说，作为在"大东亚战争"中战斗过的人，竹内好对我而言是教师，也是反面教师：他拥有这样的一面。

那么，竹内在战争结束以后做了些什么呢？由于战争结束伊始他还身处中国，所以《中国文学》的复刊是由其他人来实现的。他们的中国文学研究会在战争期间犯下的错误很少，也没有参与，甚至是反对了大东亚文学者大会，所以是很了不起的。其过失确实不多。因此，他们就站在以往的延长线上，开始继续出版自己的杂志。此种做法在某种意义上是合理的，但是对于从中国返回的竹内而言却终究难以忍受。他当时曾质疑为何要复刊并提出了停刊的要求，进而写下了一份"备忘录"。即：

中国文学研究会不善于提出自己的主张，缺乏足够的组织能力，其战斗方法也是非常拙劣的。所以我深切地感到，这个研究会不可能在历史的重大关头（即日本战败投降之时）成为一股革命势力。我们必须通过今后的努力，来做出补偿。

也就是说，他认为自己的任务应该是去追究战争的责任。也包括自己的责任。他当时摆出了这样一种姿态。

在战后的文章《屈辱的事件》里，竹内谈到了他是如何迎接 8 月 15 日的。把它和"备忘录"放在一起读很有必要：

8 月 15 日对我来说是一个屈辱的事件。……从记载来看（因为竹内当时身处中国，所以只能是从记载来看），我们在 8 月 15 日之后甚至未曾积极主动地提出过释放政治犯的要求（这是当时的责任，必须予以反思）。……如果 8 月 15 日能发出建设人民政府的宣言，哪怕声音极其微弱，哪怕运动走向了失败，也至少能够减轻几分如今的屈辱感吧。不过，这种事情并没有发生。或许那时我们业已失去了高贵的独立之心。……毛泽东曾分析过抗日战争胜利的原因，其中之一（虽然是次要原因）便是：日本人民的抵抗促使其战争走向了失败。毛泽东的战争理论是正确的，但在这一点上却未必正确，他做了过高的评价。

此外，竹内还在里面谈到，以往曾用军刀殴打过他的中队长当天竟穿着披风来到他们面前进行训示，并且诵读了《军人敕谕》。其中那句"我国之棱威若不振，汝辈当与朕共其忧"，是明治初年天皇对自身统治日本之地位缺乏自信的表现。里面暗含着一种担心自己可能走向失败的不安之情。所以他才会说自己可能会失败，届时希望大家能帮助自己之类的话。但此种潜藏的不安却在此后的教育敕语等宣传中被一种傲岸的姿态所遮盖，从而导致大家无法再看到明治的精神、天皇的精神。到了战败的那一天，天皇这种切实的情绪终于明明白白地展现了出来："这让我非常吃惊。明明可以若无其事一口气念过去的敕谕，却给人造成了一种紧迫之感，让我不得不对明治精神重新进行反思。"显然，在明治时期确立的天皇制里也有着浓厚的危机意识。

肩负民族精神的个人

若要把正确的思想固定下来并予以继承，将会很难实现继承的目标。知识分子，很难以此种方式实现继承。这让人感到：日本的教育制度，大抵在继承的问题上存在某种误解，或许只是想要进行一种生硬的、机械的"代用"而已。

当时想要继承的一个"伟大传统"，就是天皇制。人民大众的日常习惯里，或多或少都有着它的影响。天皇制时至今日仍是一种得到继承的无意识之传统，或曰在惯性下得到继承的传统。所以，它还会继续下去。从相对更小的方面说，还有家族制度。茶道、插花、能剧、狂言等也包括在内。就像空中划桨那样，"通过学习来继承"的传统做法将导致继承变得困难。我们必须明确看到天皇制继承问题造成的深刻影响。竹内的随笔《权力与艺术》里有一句"一草一木皆有天皇制"，就是在说这个问题。天皇制是不合理的，但是直接这么说却又没什么用，因为通过那些相对较小的继承，实际上就可能完成了一种更大层面的继承。

在日本民众的生活习惯里，还有一些传统没有被天皇制完全掩盖。那里面也有遗产。我觉得可以从这些遗产的无意识或半意识部分里反复提取出某些东西来，融入我们的意识思维，从而创造出一种思维方式。这是很重要的。其中必然会引发波动。

我刚才提到，竹内一度决定使用"中国"一词，但不久又重新用起了"支那"。此种波动也是很重要的。竹内的方法，是把战前、战时各种日本人的行为和思想理解为"侵略-连带"的性质，从而为我们的过去提供一种新视角。这和"侵略即连带"或"过去等于侵略"之类的观点有所不同。比如关于樽井藤吉或北一辉，我们会思考其思想和行动中哪些部分是侵略的，哪些部分是连带的，哪些部分又是兼而有之且无法明确区分的。不光是作家，还有政治家抑或去韩国经商、开工厂的人，皆是如此。即使是一位臭名昭著的报社老板或是一个因在韩国传教而臭名昭著的基督徒，都会有另一面。若不正视事物的发展方向，我们最终只会得出"所有日本人都是坏人"的结论，然后不断进行宗教般的忏悔。如果那样做，我们就无法对人们当时鲜活存在的现场展开思考。区分一个人的哪一部分属于侵略、哪一部分属于连带，是一种将日本人过去的行为和思想遗产化为己有的方法。我觉得这样做才能形成一种大团结，防止民族的再次军国化。

最后，我们还应该看到：竹内总是会从"民族和我"的角度来分析日本的思想。此点请大家务必牢记，即，国家是通过"我"来运转的。面对如今的民族发展动向，哪怕只有"我"一个人，也应该展现出强大的对抗力量。这里面存在的是民族文化。如果总是按照国家或政府的命令行事，那称不上民族精神。民族精神的一个重要组成部分，就是"我"能承担起个人的责任。

竹内有一篇讨论太宰治的文章，里面说一位大学教授曾对其展开了批判，所以为此写了一篇回应。他在战时为什么喜欢阅读太宰治的作品呢？据说这是因为太宰是当时唯一反对大政翼赞会的文学者。在他战时的小说、散文和小品文里，我们找不到任何具有大政翼赞会色彩的东西。若阅读太宰1942、1943年的作品，你会发现写得相当精彩。就连他写得不太好的作品，比如涉及鲁迅的文章《惜别》，也是如此。战后的研究者可能忘记了，若没有此种风格，太宰治就无法成立。这也是战后最难传达给大家的东西。因此竹内才会在文章里讨论太宰治。

竹内在战时阅读了包括《惜别》在内的太宰治作品并做出了支持"大东亚战争"的决定。这里面有一种通过"我"来捕捉民族精神的视点。另一方面在中国，也势必会有那些通过"我"来捕捉民族精神的人。于是，中国各种各样的"我"和日本各种各样的"我"就会站出来相互交流、彼此讨论，并产生一些共通的想法。相互启发的可能性便会由此不断蓬勃发展起来。

以上这些，是竹内在战时、战后从中国的鲁迅那里继承而来的东西。他当时用从鲁迅那里继承而来的灵感不断重新解读着鲁迅。从战时到战后数十年，差不多过去了40年之久。在我看来，这或许就是竹内著作里串联思想脉络的秘密所在。

（《世界》1983年3月号，收录于鹤见俊辅：

《思想的陷阱》，岩波书店，1989年）

竹内好年谱简编

1910年（明治四十三年） 出生

10月2日，出生于日本长野县南佐久郡臼田町臼田137号，是父亲竹内武一和母亲竹内清治（清治、清志）的长子。

其父旧姓伊藤，出生于1885年（明治十八年）。祖上是松本附近的"乡士"[1]，家业是医生。其父从松本中学毕业后，曾在长野税务监督局、臼田税务署工作，1906年成为正式职员。在调往岩村田税务署之后，于1910年担任庶务课长，并于同年9月入籍竹内家。

其母也出生于1885年，毕业于东京渡边女子学校。竹内一家，世代担任着臼田上诹访神社的神官。

其外公银次郎是臼田镇长竹内繁一家的分支，曾经以"富屋"为商号经营过当铺、瓷器店、贩酒商店、餐厅、旅馆和中国商品店。

---

[1] 即当时获得武士待遇的农民。

1912 年（大正元年） 2 岁

　　3 月，弟弟伊藤洁（入籍伊藤家）出生。

1913 年（大正二年） 3 岁

　　其父先后在新潟县的长冈税务署、长野县的饭田税务署工作。同年 11 月，调往东京的税务监督局永代桥税务署。因此，竹内全家移居东京。地址是麹町区饭田町 6-22 号。

1915 年（大正四年） 5 岁

　　2 月，其父从税务署退休。此后着手创办"池袋二业株式会社"并担任社长，同时也是"川崎大师园株式会社"的执行董事。但以上创业，均以失败而告终。

1916 年（大正五年） 6 岁

　　4 月，妹妹竹内贞子出生。

1917 年（大正六年） 7 岁

　　竹内好进入麹町区富士见小学就读。

1923 年（大正十二年） 13 岁

　　3 月，从富士见小学毕业。升学至东京府立第一中学（现日比谷高中）。

1924 年（大正十三年） 14 岁

　　11 月 6 日，其母在帝国大学传染病研究所附属医院去世，享年 40 岁。

1925 年（大正十四年） 15 岁

7 月 26 日，其父亲和继母（旧姓池野，于 1926 年 2 月正式登记结婚）两人搬到芝区琴平町。竹内好和叔叔一家住在芝区白金今里町 89 号。

1927 年（昭和二年） 17 岁

3 月，初中四年级，参加一高、三高的入学考试，但未考取。

1928 年（昭和三年） 18 岁

3 月，从东京府立第一中学毕业。4 月，升学至大阪高等学校（文科甲类）。

1930 年（昭和五年） 20 岁

担任校友会的学艺部委员，每年发行两次《校友会杂志》。就学期间，曾因为学校将五名学生移交警察而参与罢课，借此来追究学校的责任。竹内好是当时的带头人之一。在上述五人获释之后，大家经过投票才决定结束罢课。

1931 年（昭和六年） 21 岁

3 月 10 日，从大阪高等学校毕业。4 月，进入东京帝国大学文学部中国哲学、中国文学系。其间，参加了研究唯物辩证法的 RS（Reading Society），但竹内好当时对参与运动一事不太积极。在此时期，结识了武田泰淳。

1932 年（昭和七年） 22 岁

8 月 7 日，参加外务省对华文化事业部半额资助的学生团体旅行，前往朝鲜和伪满洲国。8 月 22 日在大连解散，自由活动。此后自费前往北京。8 月 24 日，抵达北京。阅读了孙中山的《三民主义》并深受感动。拜访池田孝道，对其收藏的杂志和文献（主要是现代文学）倍感惊讶。10 月 8 日，回到东京家中，曾说："我和中国的缘分，即从此时开始。"（《孙文观的问题点》）

1933 年（昭和八年） 23 岁

3 月，向外务省提交《关于中国新闻事业的研究》。12 月，提交毕业论文《郁达夫研究》。在 1934 年度中国哲学、中国文学系的 34 名毕业生中，此文是唯一以中国现代文学为主题的论文。

1934 年（昭和九年） 24 岁

3 月 1 日，中国文学研究会的第一次筹备会议在芝区白金今里町 89 号的竹内家中召开。3 月 31 日，出席东京帝国大学毕业典礼。5 月 6 日接受征兵体检，被评为第二类乙种。8 月 4 日，由中国文学研究会主办的周作人、徐祖正欢迎会在日比谷"山水楼"举行。这是该团体首次公开使用其会名举办活动。

1935 年（昭和十年） 25 岁

1 月 26 日，在中国文学研究会的例会上听取了郭沫若关于《易论》的演讲。同时请郭沫若为其机关刊物题字"中国文学"。2 月 28 日，《中国文学月报》创刊号出版。竹内负责收集、组织、校对和发送等工作，并撰写每期的后记。

4 月 14 日，武田泰淳被带往目黑警察局，关押 45 天。当时为了迎接伪满洲国皇帝溥仪来访东京，实施了事前检查。结果有大量留学生被捕，包括谢冰莹。武田因和谢冰莹有来往而被捕。同年 10 月至翌年 3 月，在面向中国留学生的日语速成学校"东亚学校"担任讲师。

1936 年（昭和十一年） 26 岁

10 月 19 日，鲁迅逝世。为了在《中国文学月报》上组稿"鲁迅特辑号"，竹内紧急翻译了鲁迅的作品《死》。11 月 24 日，在饭店"三田之司"举办了郁达夫欢迎会。

1937 年（昭和十二年） 27 岁

10 月 16 日，送武田泰淳入伍出征。17 日，竹内启程赴北京留学，得到了外务省文化事业部第三类补助金的资助。

1938 年（昭和十三年） 28 岁

3 月 10 日，担任近代科学图书馆日语讲师，月薪 70 日元。

9 月 17 日辞去工作，成为北京大学理学院的日语讲师。

1939 年（昭和十四年） 29 岁

2 月 20 日，前往东京。3 月 7 日，其父去世。4 月 23 日，返回北京。6 月 1 日，再次前往东京，安葬其父遗骨。7 月 5 日离开东京，19 日返回北京。途中，在山东省周村和入伍担任军医的弟弟伊藤洁共处了五天。7 月 23 日，在日本料亭"万寿"结识了女服务员峰子。两人一度考虑结婚，但未实现。10 月 15 日，离开北京，21 日抵达东京，搬迁至目黑区上目黑 5-2468。

1940 年（昭和十五年） 30 岁

1 月，关闭了中国文学研究会位于和田大楼的办公室，将其搬回自己家中。4 月 1 日，生活社出版了《中国文学》第 60 号。此时，"月报"两字从杂志名中删除。当时的编辑费由生活社支付，最初的稿费能够达到每页 50 钱。同样是 4 月，竹内成为回教圈研究所的研究员。每周一、二、五、六上班。

1941（昭和十六年） 31 岁

10 月，当时在三个单位工作（回教圈研究所、东亚研究所、京北实业），月收入 170 日元。但家中的开支却每月都有 100 日元赤字。父亲遗产也不多，对未来感到不安。

12 月 16 日，为《中国文学》1 月号撰写宣言《大东亚战争与吾等的决意》。

1942 年（昭和十七年） 32 岁

2 月 12 日夜，启程赴华调查回教情况。17 日抵达北京。在上海特别调查了底层民众的住房状况和民居结构。4 月 24 日返回东京。8 月，在生活社出版译著《赛金花》。11 月，第一届大东亚文学者大会召开。中国文学研究会也接到了邀请，但拒绝参加。

1943 年（昭和十八年） 33 岁

1 月 23 日，同人们在武田泰淳家中集合，大家基于竹内的提议决定解散中国文学研究会，并停办《中国文学》杂志。

11 月 9 日，把《鲁迅》一书的原稿交给日本评论社并预支了 200 日元。

12 月 1 日，接到军队的征召令。12 月 4 日，进入千叶县印旛郡佐仓町东部第 64 部队，计划被派往位于华中的独立混成第 17 旅团（通称"峰部队"）。12 月 10 日从佐仓出发。12 月 28 日，被分配到湖北咸宁的步兵第 88 大队，负责粤汉铁路沿线的警备。

1944 年（昭和十九年） 34 岁

5 月成为传令兵。6 月，被分配到机枪队，与中方发生正面交火。7月在大队本部工作，转移到北景港并加入宣抚班。12月，日本评论社出版《鲁迅》，发行300册。武田泰淳负责校对。

1945年（昭和二十年） 35岁

5月10日，进入旅团司令部。同月底，被派往湖南岳阳的报道班，担任汉语教育的助手。8月15日，在岳阳迎来日本的战败之日。8月31日，在当地现场解除征召并退伍。9月底，从岳阳前往汉口，再次见到了谢冰莹。10月10日，从汉口前往武昌，担任第4铁路司令部铁路运营队的临时翻译。

1946年（昭和二十一年） 36岁

文章《不堪回首：献给谢冰莹先生》在10月10日的《和平日报》上发表。

6月26日，返回东京。在品川站下车，未能遇见前往东京站迎接的妹妹竹内贞子，于是，在武田泰淳位于目黑的家中过夜。第二天即27日，回到了家人搬迁的新住址（浦和市北浦和町1-92号渡边家，渡边是他妹妹的婆家）。在竹内复员之前，《中国文学》已经复刊。但是竹内对此并不同意，故撰写了一篇"备忘录"。10月7日，搬迁至浦和市常盘町3-114号。和继母住在8张榻榻米大小的房间里。12月，东京大学教授仓石武四郎邀请其担任东京大学助理教授，但未接受。

1947年（昭和二十二年） 37岁

8月22日，受小田切秀雄的委托，同意为世界评论社的《世界文学手册》系列撰写《鲁迅》。此时还接到了新日本文学会的入会邀请，但表示拒绝。9月11日，武田泰淳决定去北海道大学法文学部担任助理教授，为其举行告别会。武田于1948年5月辞职。11月15日，竹内在东京大学附属东洋文化研究所主办的公开讲座上发表演讲《鲁迅走过的路：中国近代意识的形成》。这成为他此后回答"何谓日本近代"问题的假说原型。

1948年（昭和二十三年） 38岁

10月，《关于指导者意识》，《综合文化》10月号。《世界文学手册：鲁迅》，世界评论社，3500册，版税13%。11月，《中国的近代与日本的近代》，《东方文化讲座》3卷，白日书院。

1949年（昭和二十四年） 39岁

1月12日，藤间生大邀请竹内加入日本共产党，竹内予以拒绝。3月7日，和杉照子[1]结婚。当天（其父忌日），前往多摩公墓祭拜扫墓，将杉照子介绍给前来扫墓的亲戚并举办了婚礼。3月8日，在奥野信太郎的推荐之下，答应

---

[1] 婚后改名为竹内照子。

担任庆应义塾大学文学部的兼职讲师（持续至 1955 年 3
月）。《中国人的抗战意识与日本人的道德意识》，《知性》5
月号。6 月，《鲁迅杂记》，世界评论社，2000 册。7 月 14
日，出席"思想的科学研究会"创立典礼。当时生活拮据，
靠变卖家当糊口。

1950 年（昭和二十五年） 40 岁

2 月 16 日，长女竹内裕子出生。《致日本共产党》，《展望》4
月号。

1951 年（昭和二十六年） 41 岁

7 月 19 日，次女竹内绍子出生。《近代主义与民族的问
题》，《文学》9 月号。9 月，《现代中国论》，市民文库，河
出书房。翻译林语堂的《风声鹤唳》，三笠书房。

1952 年（昭和二十七年） 42 岁

1 月，加入《文学》编委（持续至 1957 年 2 月）。《胡适与
杜威》，思想的科学研究会，鹤见和子编：《杜威研究》，春
秋社。8 月，评论集《日本意识形态》，筑摩书房。10 月 4
日起，担任东京大学兼职讲师（持续至翌年 1 月 24 日）。

1953 年（昭和二十八年） 43 岁

1 月，担任"思想的科学研究会"主编《萌芽》（第二期思
想的科学）的出版策划委员（持续至 1954 年 5 月）。6 月，

就任东京都立大学人文学部教授。在《图书》8月号上为鹤见和子的《赛珍珠》(*Pearl Buck*)撰写了长篇书评，点评称：该书从日本、中国、美国三个思考轴上扩展了自己的思维方式。7月27日，出任"思想的科学研究会"会长。9月，《中国革命的思想》(和山口一郎、斋藤秋男、野原四郎共著)，岩波新书。11月，合编岩波讲座的《文学》共8卷。

1954年（昭和二十九年） 44岁

评论集《国民文学论》，东京大学出版会。5月，在讲谈社版《思想的科学》创刊之际担任编辑委员。7月，成立了以《鲁迅作品集》读者为中心的团体"鲁迅友之会"的筹备会。出版机构刊物《鲁迅友之会会报》第1号。11月，评论集《知识分子的课题》，讲谈社。

1955年（昭和三十年） 45岁

2月16日，在《Sunday每日》上刊登了一篇关于《思想的科学》编辑工作的文章（其中提到有一名编辑人员将讲谈社每月支付的20万日元编辑费不当地挪作他用）。就此，该研究会召开了临时总会。会上，竹内作为会长做了情况报告。9月17日，患重感冒住院。接受直肠脓肿手术。10月8日，出院。

1956年（昭和三十一年） 46岁

1月，受聘为日教组教研讲师。但因为患病，从1957年第六次会议起才真正加入（1959 年 3 月辞去职务）。5 月，合编岩波书店的《鲁迅选集》（全 12 卷，别卷 1 册）。8 月 20 日，许广平（鲁迅夫人）作为世界禁核会议的中方代表来访日本，竹内与其在岩波书店会面。

1957 年（昭和三十二年）　47 岁

4 月 20 日，"鲁迅友之会"正式成立（1979 年 3 月解散）。同年 4 月起，开始参加反对修改安保条约的运动。

1958 年（昭和三十三年）　48 岁

3 月，与同人合编劲草书房的《现代艺术》（全 7 卷），负责第 5 卷"权力与艺术"。

1959 年（昭和三十四年）　49 岁

1 月 29 日，在谷口修太郎的带领下拜访了京都的"部落问题研究所"。7 月，参与合编筑摩书房的《近代日本思想史讲座（全 8 卷）》，撰写发刊辞并负责第 7、8 卷。12 月 1 日，在大阪朝日礼堂"部落问题研究所"主办的公开演讲会上发言。此前一天，在谷口修太郎的带领下前往京都的"被歧视部落"。

1960 年（昭和三十五年）　50 岁

4 月 26 日，在文京公会堂举行的"中国俘虏强征殉难者国民纪念大会"上发表了演讲。5 月，投身于安保反对运动。

5月18日，作为"安保批判会"的代表之一面会了岸信介首相。此后为了抗议日本众议院5月19日夜强行通过的安保条约，于21日向东京都立大学递交了辞呈。9月23日，思想史研究会召开第一次会议。11月11日，在普通社（社长八重樫昊）的共同研究项目"在日本的中国"第一次会议上听取了尾崎秀树的提议。该研究会一直持续至1962年秋，是"中国之会"的前身。

1961年（昭和三十六年） 51岁

2月1日，发生"岛中事件"（一名右翼少年闯入中央公论社的社长家中，抗议杂志《中央公论》刊登深泽七郎《风梦谭》一文，当时社长不在家中，事件造成其家中一名女佣死亡，社长夫人重伤）。当时中央公论社还出版了杂志《思想的科学》。2月3日，思想的科学研究会评议员会议召开"岛中事件"处理会议，由竹内担任评议长。4月11日，和贵司山治一起，会见了去多摩陵园祭拜德田球一和浅沼稻次郎的许广平，在贵司的提议下讨论了修建藤野严九郎纪念碑的事情。4月25日，"满洲国研究会"第一次会议在中央公论社召开。7月，筑摩书房出版评论集《不服从的遗产》。12月，中央公论社决定放弃《思想的科学》1962年1月号的《天皇制特集号》。围绕此事，思想的科学研究会于12月26日傍晚至12月27日凌晨5点召开评议员会议。经过通宵讨论，决定不再让中央公论社出版《思想的科学》。

时任思想的科学研究会事务局局长的高昌通敏，曾很好地描述过竹内当时所做的相反判断及其发挥的作用：

最让我印象深刻的，是一年半后参与中央公论社杂志《天皇制特集号》裁断事件时的竹内先生。当时我作为研究会的事务局局长，负责协助会长久野收先生管理该组织的运作。在评议员的扩大会议上，大家围绕如何处理研究会和中央公论社的关系，以及杂志今后的去向如何等问题展开了激烈的讨论。有些人主张严厉谴责中央公论社，有些人则主张对岛中事件等详加考虑并隐忍自重。我那时还年轻，想法是应该站在中央公论社一边，在其内部支持它的同时也开展战斗。但是激烈的讨论一直持续到了天亮，最终竹内先生用一番话做了最终结论。即在战斗的时候，既要看到敌方的力量，也要考虑到自己的强弱。而且在处理并面对公开事件的问题时，所做的决定必须简单易懂，便于让公众理解。从这个意义上说，我们应该准确地看到自己能力的不足，考虑到已成事件的客观现实，孤注一掷地与中央公论社分道扬镳并重新启程。至此，评议员会议的讨论才告结束。随后，竹内先生创办了"思想的科学社"并成为首任社长，致力于杂志的复刊工作，其付出的努力真是令人惊叹。现在，我没有办法在这里讨论细节。如果大家想要了解更多的情况，可以去看看竹内先生当时的日记抄《转型期》。（高昌通敏：《竹内先生与〈思想的科学〉》，《竹内好全集》第4卷月报，1980年11月）

1962年（昭和三十七年）　52岁

1月28日，召开思想的科学研究会的评议员会议。主旨是要抗议中央公论社向公安调查厅和右翼活动家展示本应该被全部删除的《思想的科学》天皇制特集号。4月，新成立的"思想的科学社"开始自主出版《思想的科学》天皇制特集号（1996年5月号以后停刊）。5月7日，启动小型报刊协会。12月，加入市井三郎主导的思想的科学研究会"明治维新研究会"。

1963年（昭和三十八年）　53岁

2月，由"中国之会"主编的杂志《中国》在普通社出版刊行。工作人员包括桥川文三、尾崎秀树、饭仓照平，此后还有今村与志雄。2月12日，受朝日艺能出版社（后来的德间书店）之邀，校对《中国的思想》全12卷。其译者以都立大学中国文学专业毕业者"柿之会"为核心。2月21日至26日，在乘鞍[1]滑雪，25日左脚扭伤。10月，在

---

[1] 位于日本长野县，境内有乘鞍山。

思想的科学市民学校演讲；以"中国与日本"为主题，分成四次。12 月 25 日，继母去世。

1964 年（昭和三十九年） 54 岁

普通社破产导致《中国新书》于去年 9 月起停刊，6 月由劲草书房接手。决定由"中国之会"自主刊发杂志《中国》。

1965 年（昭和四十年） 55 岁

5 月，立间祥介编著《竹内好著作笔记》，图书新闻社出版。8 月 25 日起，出现感冒症状，因干性胸膜炎、肺炎而一度病危。9 月 20 日进入秀岛医院，10 月住院治疗。10 月 30 日出院。11 月，在家中静养。

1966 年（昭和四十一年） 56 岁

4 月至 6 月，《竹内好评论集》全 3 卷，筑摩书房。10 月 15 日，迎接萨特和波伏娃，并成为"越战和平市民联盟"的座谈会成员之一。11 月 19 日，基于此前和埴谷雄高的协商，成立"新碁会"（一日会）。12 月，将"中国之会"的办公地点（由《中国的思想》译者团队创办）迁至北望社。

1967 年（昭和四十二年） 57 岁

9 月，《日本、中国、革命》（竹内好、野村浩一合编，讲座《中国》第 1 卷）。《革命与传统》，筑摩书房。11 月，《明治维新与中国革命：关于孙中山》，思想的科学研究会编：《共同研究：明治维新》，德间书店。

1968 年（昭和四十三年） 58 岁

7 月，《戴季陶的日本论》（一），《中国》（翻译与解说）。

1969 年（昭和四十四年） 59 岁

1 月，安田武提议的沙龙正式启动，大约每月一次，在新宿的风纹、英等酒吧集合。当时核心参加者除竹内、安田之外，还包括田村义也、桥川文三、高濑善夫、冈山猛、金子胜昭、野田裕次、中岛岑夫等人。2 月 15 日，在潮出版社发表关于戴季陶的演讲（《我的痛愤记：戴季陶的〈日本论〉与日中友好之路》）。

1970 年（昭和四十五年） 60 岁

4 月 16 日，前往福冈，出席部落解放同盟教育研究集会。5 月 29 日至 31 日，出席大阪的部落解放同盟教育研究集会。7 月，评论集《预见与错误》，筑摩书房。10 月，联合出版对话集《状况性》。

1972 年（昭和四十七年） 62 岁

1 月 19 日，在鹤见良行等人的亚洲学习会上发言（截至 2 月 2 日共进行三次）。2 月 7 日，作为"狭山事件"期间大内兵卫、末川博等人的"呼吁署名团"成员之一，召开记者招待会。尔后到高等法院。

5 月 27 日，出席广岛的部落解放同盟教育研究集会。8 月
22 日至 24 日，参加福冈的联合国教科文组织第三届国际文
化会议。22 日，做了题为"鲁迅与日本"的演讲。10 月 24
日，在涩谷公会堂发表"实感性演说论"（《潮》杂志社主
办的宣讲会）。12 月，在《中国》杂志 12 月号之后宣布停刊
（通卷 110 号）。12 月 17 日，出席北望社的股东大会，决定
解散。

1973 年（昭和四十八年） 63 岁

2 月 24 日，在中央公论社大楼举办的《朝鲜文化在日本》
激励会上发表了致辞："我开始认识到，这将是日本最具革
命性的杂志。这一观点即使到了现在亦未曾改变。我自己
在办一份小型杂志，但是遭遇了接二连三的失败。我最近
意识到，要打造一本真正革命性的杂志，必须要像这样来
开展工作才行。我们很难要求它一直持续下去，但一期接
一期地办下去，无论何时结束，这些杂志都会永远地存留
下去。所以我想说的是，这是一本能够激励我们的杂志。
我谨在此表示感谢和祝福。"（《朝鲜文化在日本》第 17 号，
1973 年 3 月）。

在此次聚会中大醉，结果在新宿的风纹酒吧从楼梯上摔下
来，不省人事。此后送往大久保医院缝了三针，又转至顺
天堂医院脑外科住院。25 日中午，终于苏醒过来。整个 3

月都在接受恢复治疗。4月7日，出院。4月11日至23日，在浅间温泉继续疗养。

6月，在《中国之会会报》最终号（第20号）上刊登《关于解散中国之会》一文。该会活动即告结束。7月，评论集《日本与中国之间》，文艺春秋。

1974年（昭和四十九年） 64岁

竹内好、桥川文三编《近代日本与中国》上下卷，朝日新闻社。12月，创树社出版《转型期：战后日记抄》，在序文中收录了《堕落记》。

1975年（昭和五十年） 65岁

7月5日，在"花冈事件"30周年演讲会上发言。8月8日，在兵库的部落解放同盟研究集会上发言。9月，竹内好编：《为了亚洲学的开展》，创树社。

1976年（昭和五十一年） 66岁

正月，市井三郎、三轮公忠两人离开普林斯顿大学之际，受鹤见和子之邀担任其中文课教师。在鹤见和子家中举行熟习会，桥川文三亦在场。

10月5日，武田泰淳去世。10月10日，担任葬礼委员会委员长。

10月间，筑摩书房开始出版其个人译著《鲁迅文集》全6

卷。18 日，在京都举办岩波文化演讲会"读鲁迅"。11 月
17 日，日本医科大学附属医院住院。27 日出院。12 月 1
日，吉祥寺森本医院住院。疑似肺癌（此后确诊为食道癌）。

1977 年（昭和五十二年） 67 岁

3 月 3 日 19 时 40 分去世。4 日，家中举办守灵仪式。5
日，举行内部葬礼。10 日，在信浓町的千日谷会堂举办公
开的无宗教葬礼。遗属竹内照子、葬礼委员会委员长埴谷
雄高。原中国文学研究会同人增田涉在宣读悼词时因心脏
病突发倒地，在庆应医院去世。

12 月，译著《鲁迅文集》第 4 卷出版。第 5、第 6 卷翌年
出版。

该年谱系根据久米旺生在《竹内好全集》第 17 卷中所
写年谱制作而成。久米先生的年谱，是一部详细的编年体记
录，可以作为传记来阅读。在此，我要向其所做的贡献表示
感谢。

如果关注竹内好，自然也会对其年谱加以关注。在久米
旺生的年谱之前，还曾有立间祥介的《竹内好著作笔记》。
我在这里所写的内容，系基于自身的关注对久米先生年谱所
做的摘录。

日文版解说 [1]
善无可报

一

我第一次读《竹内好：一种方法的传记》，大约是 1996 年前后。当时朋友向我推荐了这本书，我很快就读完了。但说实话，未必真的读进去了。和我第一次读竹内好时一模一样。

在那以后又过了 14 年。随着年龄的增长，我逐渐认识到"挣扎"这种行为对于生活、思想、学问有多么重要。在那段时期我也读过鹤见的各种著作，但终究没有回到这本书上来。

此后，2006 年，我第一次见到了鹤见本人。那是在名

[1] 本文是为本书日文版『竹内好 ある方法の伝記』（岩波書店，2010）所撰写的"解说"，文中提及本书书名时直译为《竹内好：一种方法的传记》。

古屋大学举办的一场有关竹内好的国际研讨会上。鹤见作为主讲人出席，于是我得到了和他近距离交流的机会。他当时在演讲中提出了如下问题："竹内即使到了战后，也没有撤回这篇文章。（《大东亚战争与吾等的决意》）这究竟是怎么回事？大家如果去看看竹内当时写的一些东西，应该就能明白了。他之所以这样做，是为了把'大东亚解放'化为一种旗帜。如此一来，自然就要去解放作为日本殖民地的朝鲜和台湾了吧。……

"但另一方面，如果基于这个目的去发展国家，那么日本这个国家就会走向崩溃。除了崩溃，别无他途。此事甚至包括在了竹内的目标之中。所以竹内这个人具有十足的破坏性。

"国家的目的、国家本身都会走向消亡。而'大东亚战争'正是一个契机。如果这样去读，大家就能够充分明白竹内在战后为什么没有撤回他在《中国文学》上发出的宣言了。"[1]

当时听了这番话，我十分惊讶。我感到这和自己以往所读出的鹤见形象发生了乖离。而这种细微的乖离，证明我过

[1] 鹤见俊辅：《怀疑进步的方法》，鹤见俊辅、加加美光行编：《超越无根的国族主义：再考竹内好》，日本评论社，2007年，第52—53页。此书系对2006年名古屋会议发言的归总整理，于会议后的第二年出版。——原注

去对鹤见的理解是非常不准确的。

在撰写日文版《竹内好的悖论》时，我曾就如何解读该宣言一事参考过鹤见的这本书。和粗暴地对竹内加以批判不同，鹤见在书里仔细处理了宣言的历史脉络，似乎直到最后一刻才点出了问题。那便是竹内"支持日本国家"的态度，也是一种支持战争的立场。鹤见周到地借鉴了与竹内同时代的文献，阐释了其选择"停刊"、不参加"大东亚文学者大会"的意义，并澄清了其"支持"行为中存在的保留性色彩。但不知为何，对于竹内战后不撤回这份宣言的行为，他只是说了一句"把国民继续完成战斗的事实清楚地摆在眼前"，将其解释为一种"自我检验"。

我感到沮丧，最终得出的结论是："鹤见的判断从根本上来说是错误的。"因为在我看来，鹤见是那种以"反思错误"为思想原动力的知识分子，而竹内则是那种重视深入历史的知识分子。对其而言，自身立场在政治上正确与否并不重要。[1]

但听取了名古屋研讨会上鹤见的发言后，我突然开始对自己的判断产生怀疑。我不禁感到，他2006年的观点和我

---

[1] 孙歌：《竹内好的悖论》（竹内好という問い），岩波书店，2005年，第127—128页。——原注

在其书中看到的观点之间有着细微而显著的差别。此种差别，即在于是否拘泥一种"正确的立场"。对我来说，这只可能是两种原因造成的：要么是我读得不够深入，要么就是他"转向"了。

此后，我虽曾想再仔细拜读一遍本书但未能如愿。直到为了撰写这篇解说，我才终于实现了重读，并得到了最终结论：鹤见并没有转向。看来，是我阅读得过于浅薄粗糙了。之所以如此，或许是因为我当时忽略了他一贯的专注，仅仅纠结了其附属性的论点吧。鹤见先生慎重处理竹内的思想性质，绝不仅仅是为了将其作为一种"从错误中得来的教训"以警示后人。其思考的课题远比这些观念性的东西要复杂得多、深刻得多。他关于"正确-错误"的思考和以往俗套的"政治正确"是完全不同的。

与此同时，我还另外收获了一个有趣的发现。即，长期关注《大东亚战争与吾等的决意》的鹤见，实际上通过关注方式上的微妙变化，也为我们暗示了其自身思想的"挣扎"。

二

若要分析一个有思想的人，沿着时间顺序去追踪其思想的发展轨迹是正常程序，或者反过来，从某一个问题的终点起步去回溯其起点，也是常见的手法。但是，我却想在这里尝试一种不同寻常的方法，来追踪鹤见当时的思想路径。

即，在时间往复穿梭之间考察鹤见在自己的思想旅程中究竟强化了什么，又过滤了什么。为此，除了《竹内好：一种方法的传记》（以下简称《传记》，1995 年）和《战争时期思想再考》（以下简称《再考》，1983 年）之外，我还想对前述《怀疑进步的方法》（以下简称《方法》，2007 年）做些涉及。

如果把"方法"作为一个终点，那么可以说在当时那个阶段，鹤见完全没有将观念里演绎出来的"正确立场"视作问题。莫如说，他是在利用竹内的观点"偏见有趣，无知无趣"探究着人的生活方式。正是沿着这一文脉，他认为竹内的宣言不仅是一份毁灭日本国家的宣言，同时也是毁灭自我的宣言。而在其延长线上，鹤见又继续总结了市井三郎的"进步论"并指出了竹内的影响："市井三郎将进步定义为：人自身不承担责任则不会受苦的状态。但科学、技术、文明却没有朝着那个方向发展。"[1] 鹤见在这里已从正面对"进步主义"提出了质疑。若站在这一角度思考，那么从历史之外以"自身不承担责任则不会受苦的状态"对竹内"右翼倾

---

[1]《怀疑进步的方法》，第 57 页。——原注

向"展开批判的各种言论，或许都应该是存疑的。

如果颠倒时间的顺序再来看，这个观点实际上早在1995年的《传记》里就已经确立了。譬如，如果一口气读完此书的"'大东亚战争'纪念碑"和"思想的姿态"两章，那么鹤见那种看重"偏见"和"非言论者"（即生活者）的意义便会自然浮现于眼前。这些，和观念性的"正确"立场都是水火不相容的。

由此，鹤见开始进一步致力于探讨竹内所提出的问题。即，如果正确的事物从未有过改变历史的经验，那么人又应该如何去理解"善"、坚持"善"呢？鹤见曾就此通过竹内做过如下分析："他基于理想主义，试图通过将自己的立场还原为一种纯粹的善来再次回归自由。但同时他也在明知此举会走向失败的情况下给自己设下了新的陷阱。"这可能就是鹤见如此重视"失败态度"的原因所在吧。也正是从这种失败的态度中，他读出了竹内思想的姿态。与此同时，鹤见也把"疑疑""默而当"等思想立场拿来和"有话直说这一西欧文化的正统"进行了对比，将其作为另一种"知识"，且是"亚洲的知识"来加以处理。他在这里给我们提出了一个复杂的问题。在亚洲，虽然强调作为西欧文化正统的"话语"这一思想态度并坚持"信信信也""言而当知也"的立场，其意义是不可否认的。但同时，却也容易由此造成一种不去质疑"正确话语"的教条主义立场。所以对事物的流动性较为敏感的"非言论者"态度不仅具有认知论的价值，也拥有着伦理性的意义。鹤见曾敏锐地指出了其中隐藏的思想立场，即"作为方法的亚洲"。在利用西欧的思想话语阐释亚洲的客观现实时，竹内式的"沉默"或许正是按照"疑疑亦信也"的程序，将历史性注入了"信信信也"的工作之中。所以此后鹤见在各种场合提到竹内的"沉默"时，都会要重提《传记》中的命题吧。

不过，在鹤见1996年的这个思考里，终究还是存在着浓厚的"进步"之影。因为对其而言，某些基本问题是无法避免的。如果不能用"纯粹的善"来改变历史，如果历史的流动性需要一种有别于情境主义的原理性，那么只可能在历史中摸索到的原理性和伦理性又该按照怎样的程序、以怎样标准来阐述呢？

这不仅是鹤见面对的问题，可能也是我们面对的问题。

在《传记》里，他曾以如下方式做过总结：竹内晚年承认自己的预测里有着一种自我认定，即无论是对"大东亚战争"还是对革命后中国的未来走向，都没能做出准确的判断。但即便这些预测是错误的，他这个人也不会转而迈上相反的方向。……他会把对这些错误的认知包括在内，对自己原来的预测中包含的某种真实进行甄别，并保留这个部分。

此种错误的力量或曰失败的力量和支撑其判断的冷静和勇气放在一起，着实令人感动。

这段意味深长的文字，让我真正看到了鹤见在思想上的"挣扎"。如果把它和1983年的《再考》进行比照，我们应能进一步看到其"挣扎"的痕迹。在《再考》里，他一边像《传记》那样质疑着"紧贴标杆般（这个比喻指的是依靠抽象的正确立场判断事物）的生活方式"，一边又说："竹内对我而言是一种教材，同时也是一种反面教材。"[1]但到了《传记》里，这种通俗易懂的"教材""反面教材"等分类却消失了，取而代之的是《再考》里提出的重要命题。比如：民众个体背负着国家发动战争的责任、从正确观念中进行推演的工作并非思想生产等，都是在《传记》里实现进一步扩展的。不过，鹤见在出版《传记》时重视的终究是如何从"错误"中学习东西，而且将其称为"错误的力量""失败的力量"。若非要追问他"何谓正确、何谓成功"，得到的回答恐怕将是"历史中的伦理性"吧。这也是我冒着犯错误的风险所做的推测。在特定环境下，人有能力保证正确、保证成功吗？或者说，我们要怎样才能予以保证呢？

---

[1] 鹤见在使用"反面教材"一词上似有踌躇之感。他在使用该词之前加了一句"坦白说"，这和其标题"向'过失'学习"形成了呼应。鹤见当时似乎尚未找到妥帖的用词。——原注

　　鹤见是经过深思熟虑之后，在 2007 年的《方法》里提出"怀疑进步"这一命题的。而且，正如以上引文所示，他通过提出该命题，又基于《传记》的观点向前迈出了一步。

三

　　如果按照时间顺序来看，从《再考》到《传记》，再到《方法》，实际上鹤见逐渐从"正确-错误"的观念里脱离了出来。但是其终点，绝不会是毫无原则地追认现状。由于始终重视竹内支持"大东亚战争"的立场，鹤见进入了"疑疑亦信也"的境界。他虽然超脱出了"正确—错误"，却又将其纳入一个更大、更艰难的思想轴里。那便是：一边直面着"善无可报"这一无情的历史逻辑，一边又在这种无情的逻辑中寻找着人间正义。

　　如果把时间颠倒过来，从终点出发向前回溯，我们就能看到鹤见在时间流逝之中究竟过滤掉了什么。那便是一种带有理想主义色彩的"纯粹之善"。而其过滤之后留下的东西，或许就是另一种直面"善无可报"这一残酷现实的"复合之善"。这种善，不是明确地和外部之恶作斗争，而是要从恶里创造出善的力量。从恶里创造出来的善，绝不会有"纯粹之善"的外观。鹤见曾说竹内没有跳到天皇制之外对其加以否定，而是身处其内部不断挣扎，此种思想立场就是"复合之善"的典型例子。

从转向研究开始，再加上此后的大众思想史研究、安保斗争、越战和平市民联盟等，坚持"反战"立场的鹤见给自己提出了深刻的命题。如果知识分子的批判传统不和民众的继承传统相结合，那么它终究只会是一笔小规模的遗产，无法和"伟大遗产"进行抗争。[1] 若果真如此，又如何能让批判变得有效呢？

竹内曾严厉批评过日本的进步主义："不论意识形态的左右，只管把念咒语一般背诵各种特定术语的能力视作进步的唯一指标。"[2] 而知识的再生产又在某种意义上将这种念咒语的习惯作为"小规模遗产"传承了下去。这种情况，并不仅限于日本的知识生产，或许更是各国的普遍现象。如今，所谓的"批判性知识分子"已遭到质疑，其批判的有效性俨然成了一个新问题。而竹内的思想和鹤见的传承，可能正是一种极具意义的努力。

鹤见继承了竹内通过"否定自己"来变革他者的思想辩

---

[1] 鹤见在这里强调了继承天皇制的强大传统，同时也提出了另一个伟大传统，即日本民众的生活习惯传统并未完全被天皇制所覆盖。——原注

[2] 竹内好：《亚洲的进步与反动》，《日本与亚洲》，筑摩书房，1993年，第147页。——原注

证法，力图突破学院式的独善主义。他在《传记》里是这样说的："无论在国民文学上还是民族主义方面，竹内使用的一些词汇都是战争时期日本政府及其御用文人曾使用过的。按常理来说，一旦力量强大的人和力量弱小的人使用同一个词，那么这个词所具有的内涵势必将偏向力量更强的一方。所以竹内选择这么做当然会导致其不得不放弃向更多的人展开宣传。不过，他所说的内容事实上也和战时日本政府宣传的内容有所不同。而竹内著作的特色，正在于这种'时代虽已改变却仍旧发挥作用'的性质。"

竹内的力量是弱小的，或许至今仍是如此。"力量强大"的话语已被历史所否定，所以如果竹内因为使用过它而被独善的知识分子所批判也是情有可原的。恐怕对思想上有洁癖的人而言，将力量强大的话语转用于其他事物是难以忍受的。竹内不仅用这种带毒思想击碎了学院式的独善主义，而且在独善的知识分子面对现实很容易发生转向之际，它还可能成为一种抑制转向的力量。

我认为鹤见在气质上和竹内非常不同。作为一个有反战思想的人，他能如此仔细地解读竹内的《宣言》非常值得肯定。对其而言，即使自己参与了战争也不会像竹内那样公然宣称"我们与我们的日本同为一体"。在以上三个文本中逐渐淡去的"反面教材"形象，可能正是鹤见展开斗争的关键所在。他对这份错误《宣言》所抱有的异样之感或许源自其气质，但这绝不会成为思考的主轴。同时也无法否认，此种异样之感发挥了扰乱其思维主轴的负面作用。到《方法》为止，鹤见对竹内的论考比任何人都更为精准地把握到了竹内思想的精髓。而它之所以看上去似乎没有形成一种有机的框架，其原因亦在于此。

可能正是出于这一原因，鹤见才会紧紧地抓住《大东亚战争与吾等的决意》一文不放。其斗争的结果，是成功地完成了自己的竹内论。这种在思想上"挣扎"的态度，让我深受触动。

四

通过 50 年代的转向研究，鹤见已具有和竹内极为近似的一面。1957 年，他在著名的《自由主义者的试金石》一文里将"纯粹主义论法"作为日本思想的根本弱点，展开了如下批判："我们不能置身纯净场所（即与现实无关的学习场所）对所有转向案例弃之不理，而应从每次转向中汲取养分，由此创造出新的本土性非转向传统来取代过去那种无为的非转向传统。这是我努力的方向。有了对自他转向的完全自觉，才能创造出新的一贯性。找到这种方法，转向才会被吸收到丰富的一贯性里去。"[1]

从"本土性非转向传统"、对自他转向的完全自觉中产生"新的一贯性",这一论点和鹤见的竹内论是联系在一起的。如果知识分子不拘泥于那种自我满足的"正确立场",就有可能发现:鹤见所说的"新的一贯性"将面对多么困难的未来。

在纯净场所,我们或许能够确认"正确-错误"这一基准的有效性。但若由此出发进入到"善无可报"的无情历史中,这个基准只要没经由复杂处理得到重构,就会存在着与现实脱节、沦为学术游戏的风险。竹内终其一生都在寻找重构的方法。而鹤见则出色地向我们展示了为继承这种探索需要进行怎样的思想"挣扎"。而这,正是本书具有不可替代之价值的原因所在。

孙　歌

---

[1] 鹤见俊辅:《自由主义者的试金石》,《中央公论》1964 年 10 月特大号,收录于《特集:创造战后日本的代表论文》,第 374 页。——原注

中文版解说
"从过失中学习"

　　本书是鹤见俊辅为竹内好所作的传记。在某种意义上，这也是鹤见式的实用主义哲学实践的样本。

　　本书日文版在 2010 年再版时，岩波书店邀请我为该书写一篇解说。当时，我的《竹内好的悖论》日文版已经出版了，里面所写关于鹤见解读竹内好战争时期宣言的判断明显的有失误之处，我很高兴得到了一个纠正其错误的机会，于是在解说里写下了我的重新理解。在我，这不过是一个自我纠正的行动而已，我当时并没有意识到，其实犯错和纠错，均属于哲学范畴的实践。

　　那以后又过了好多年。在新冠疫情下无法外出的日子里，我为了准备三联中读的讲座《思想巨变中的日本》，翻出了手头所有鹤见俊辅的作品和与他相关的著作。当然，也包括我已经读过几次的本书。我为三联中读所做的这个系列讲座，在很大程度上是试图完成二十几年前许下的心愿。当时，我为了把竹内好放在他所处的历史语境中理解，在图书馆里埋头阅读日本战败之后出版的各种杂志。在漫无目标的阅读中，我读到了鹤见写于 1957 年的《自由主义者的试金石》。这篇论文如同一道闪电划开夜空一样照亮了我眼前模糊的风景，让我久久无法忘怀。尽管当时我还没有精力和能力对这篇论文提出的问题进行深入的讨论，但是我知道早晚有一天我需要处理鹤见提出的问题。不知不觉地，疫情期间那个涉及了六位日本现代思想人物的系列讲座，就围绕着鹤见的这篇论文形成了基本结构。

在这个讲座逐渐推进的过程中，可以说特立独行的鹤见俊辅为我提供了潜在的思想能量。特别是他那本再版过多次的《美国哲学》，促使我重新理解了他对诺曼事件的分析，也重新理解了他对竹内好精神世界的把握方式。相信本书的读者在阅读这本思想传记的时候，也会领略到鹤见的思想方式。

竹内好十分难读。他的难读在于他拒绝在既定的西方社会科学框架里处理他所处理的那些属于社会科学领域的问题，同时，作为文学出身的评论家，竹内好的文学才华却没有应用于一般意义上的文学研究。他创造了一种独特的思想方式，也创造了一种独特的表达方式。这让他在 20 世纪后半期的日本思想界处于一个无法归类的位置。不仅如此，竹内好思想最活跃的阶段刚好是日本对外侵略的战争时期和被美国占领的战后时期，他对时局的介入方式让他发表了一些按照归类法只能被归入"错误言论"的看法，这也给思想界带来很大困扰。就中，最能代表这一类错误的，当属《大东亚战争与吾等的决意》。这篇1942年发表于竹内好主编的同人杂志《中国文学》上的宣言，当时并未署名；然而战败之后，竹内好却主动承担了写作责任，把它收进了自己的文集。

鹤见看出，竹内好的这种做法背后包含了比"承担错误责任"更多的思想含量：

> 当国民加入侵略战争之时，脱离这一趋势的人自然值得肯定，但是还有一种行为方式是，虽然知道必然失败，却跟国家一起走上了这条路。这种判断很难说具有社会科学性质，不过这也算是一种思想上的立场。而且，当国民在国家（其实是当时的日本政府）的命令下集结为一亿同心的状态时，他拒绝这种集结，作为一个异端分子身处其间。这是一个保持了对抗政府能量的个人，是一个怀抱着立足于国家之外这种异端梦想的国民。这就是竹内好对国民的理解方式，很难把这种方式简单归类为民族主义。（本书第十一章"士兵的步调"）。

在某种意义上，这也是鹤见俊辅的夫子自道。太平洋战争爆发的时候，他还在哈佛大学留学，他回答联邦调查局的思想调查时说，日美开战，属于帝国主义之间的战争，他不支持任何一方。如果一定要选择的话，他觉得美国稍微正确一点。这种放肆的无政府主义言论使他遭遇了牢狱之灾，他的大学毕业论文就是在监狱里写成并提交的。出狱之后他选择回国。他的理由是，日本恐怕很快就要战败，在战败那一天，他希望自己身在日本。

不过，鹤见后来的思想路径与竹内好并不完全一致。虽然他跟竹内好一样，也不肯在日本走向错误道路时置身事外，但是他的无政府主义立场让他很难像竹内好那样成为"保持了对抗政府能量"的"国民"。虽然他也不得不在回国之后从军，但他绝不会写作《大东亚战争与吾等的决意》这样的宣言。鹤见的无政府主义思想立场在战后使他成为和平主义者，他投身于反战和平运动的热情一直保持到生命的最后一刻。

然而，鹤见却成为竹内好的深刻理解者。本书对竹内好的定位，与丸山真男对竹内好的评价不谋而合——他们都认为竹内好表面上鲜明的民族主义特征，必须与他特有的世界主义结合起来才能获得解释。不过，鹤见比丸山更进一步，他抓住了丸山避而不谈的《大东亚战争与吾等的决意》，揭示了错误对于思想形成的意义：

　　（竹内好）为晚年的评论集选定了《预见与错误》
（筑摩书房，1970 年）的书名，这包含了他晚年对自己
的确认：无论是对"大东亚战争"的预测，还是对中国
革命其后发展轨迹的预测，他的预见都是不准确的。但
是，即使犯了错误，这个人也绝不会继续另起炉灶，从
相反的方向进行预测。他从现在所处的位置上反复回头
衡量自己的预测究竟偏离了多少，并承认这种偏离。进
而，包括对这些错误的认知在内，对自己原来的预测中
包含的某种真实进行甄别，并保留这个部分。这种做法
可以称为错误的力量，或者失败的力量，我感动于支撑
着这种判断的冷静与勇气的结合。（本书第十七章"思
想的姿态"）

　　鹤见的这个分析，其实与他对日本战败之后思想界追求
政治正确的一般性趋势的批判态度直接相关。

　　日本的战后思想，就大学与论坛、传媒而言，都把
自己的工作设定为选择战争时期最没有过失的人们的思
想，并且继承它。就是说，像侦探一样去确认谁没有犯
过错误；然后，在方向上将其视为与自己的未来直接相
续。那些选择了正确道路的人很多都死去了，所以，他

们不会继续犯错误。此外，还有关在监狱里的和身处国外的人们。这些人当然都很了不起。可是，除此之外还有另外一条道路，那就是把自己的过失作为过失加以明示，不断地对其进行反刍，在此基础上思考未来。区分出正确的思想，把它作为正确的东西固定下来，并且打算继承它，这样的操作就意味着总是在我们的生活中仅仅引入从即时性状况中割裂出来的课题或者原则。我也认为这样做是有意义的。……能够在六七十年里一直反复言说"和平""反战"的人，就算无法富有弹性地处理状况，也还是了不起的。不过，要是想在状况之中尝试着推进某些工作的话，仅有这样的原则是不够的，这就意味着只去赞美那些死去的思想。……（本书附录"战争时期思想再考"）

鹤见知道自己的这个说法很容易引起误解并且被上纲上线。所以他加上了很多"注解"，说明那些正确的思想与原则即使脱离了实际状况，也仍然是必要的。不过他真正希望表达的是，仅仅有这些还不够，人试图在状况中工作的时候，就难免会犯错。即使是那些选择了正确道路的先烈，假如他们继续活着，也未必能够幸免于在其后的严峻现实中犯错；在监狱里坚持的英雄，在国外的同志，只是在不做叛徒的意义上具有表率性，却无法提供在实际斗争中如何处理复杂多变情况的具体智慧——在这种意义上，他们也没有犯错误的机会。

于是，鹤见提出："我认为应该从竹内好的过失中学习。这就是今天我们对问题的设定方式。不惧误解地说，作为在'大东亚战争'中战斗过的人，竹内好对我而言是教师，也是反面教师：他拥有这样的一面。"

这个"教师-反面教师"的说法即使不惧怕误解，也难免会被误解。因为这个表述实在太像通行的"三七开"对待历史人物的说法，没有充分挑明问题的关键。我认为，鹤见想要传达的，是对于知识界通行的静态化和固定化地判断"正确"与"错误"这种积习的批判。他想要指出的是，正确与错误不能作为静态的指标加以固定，仅仅依靠指出思想人物是成功还是失败，是正确还是错误，只是停留在这个程度的讨论，不能算是合格的思想分析。

幸好，学术生产走到今天，依靠上纲上线进行"批判"的工作方式已经不再能占据主导位置了。然而这并不意味着思想生产已经具有了它应有的张力与弹性。在处理例如竹内好这种并不那么符合政治正确要求的思想人物时，如何对待他曾经有过的关键性失误，仍然考验着今天学人思想工具的质量。事实上，要么辩护要么否定的粗糙思维，在今天的思想史研究里仍然构成主流，这意味着我们需要打造更精准的分析工具。否则，面对鹤见提出的"从过失中学习"的命题，将会有人反问道：那就是说过失越多越好？还是说区分正确和错误没有意义？

在20世纪50年代，日本知识界曾经以各种方式讨论"状况性决断"与"见风使舵"的区别。这些讨论并没有在抽象层面形成共识，因为它原本就不是能够抽象讨论的问题。说到底，在迅速流动的状况之中做出正确的判断，与墙头草一般地追随强势，二者有时候在表象上甚至很难区别；进而言之，有些在当时看似正确的决定，在历史转变之后却被证明是错误的。然而正因为如此，以虚无主义的态度对待"正确"与"错误"，与抽象地规定"正确"与"错误"的标准，同样是思想分析的大忌。

当鹤见说要从过失中学习的时候，这个他没能展开的说法要求更精准的认识论修炼。从鹤见分析竹内好行动方式的上下文看，他其实在这里要求我们区分不同性质的"错误"：不是所有的错误和失败都能提供教训，都值得"学习"——只有那些包含了"某种真实"的错误，才能提供有益的启示。鹤见所说"包括对这些错误的认知在内，对自己原来的预测中包含着的某种真实进行甄别，并保留这个部分"，这说法提示了"从错误中学习"的一种具体过程。

关于什么是"某种真实"，鹤见并没有给出具体的界定。但是本书中多次谈到《大东亚战争与吾等的决意》时，他实际上就是在回答这个问题。鹤见分析说，这篇宣言并不能被单独处理，它需要被置于竹内好在这一时期几个主要文本构成的基本脉络中加以理解。而这个基本脉络，就是日本文化通过自我否定获得真正的主体性。换句话说，日本文化如果作为日本文化固定化，那么它将失去创造历史的能量。竹内好坚持认为，自我保存的文化必须打倒，他因此解散了中国文学研究会。鹤见说："如果解放亚洲的目标是发自真心的，而且要通过战争去实现，那么，日本人将会改变。恐怕日本的国家也会走到濒临解体的那一步吧。(竹内好的宣言里)包含了那样的预见。"

竹内好的这个"让日本国自杀"的浪漫主义幻想，让他对太平洋战争充满了不切实际的期待。他的预见是日本为了亚洲的解放而向强敌美国宣战，将会通过战争浴火重生，成为真正有主体性的拒绝固守自身的革命根据地。这个期待在日本战败的时刻彻底破灭，《屈辱的事件》记录了他的感受：日本人居然没有举国分裂以战败为契机发生内部革命，而是顺从地接受了天皇"玉音放送"的现实！

鹤见说：幸亏我战争时期没有读竹内好的东西，避免了被他的逻辑所吸引，否则我大概也就不会成为反战主义者了。但是，"我也正是在这一点上感到了自己的狭隘"。鹤见继而提出了一个有趣的问题：竹内好关于战争和日本国走向的预测确实都错了，他那个"与日本国同体"的说法也明显地政治不正确；但是错了的就真的错了吗？与他相比，我自己对战争的预测确实更正确，但是预测正确就真的是对了吗？

鹤见留下的这个他没有充分展开的问题，是思想史的一大难题。正确与错误作为一对衡量指标，其实包含了多个层面的内容。政治的，认识论的，知识的，伦理的……这不同层面的内容，有些时候是相互矛盾的。比如政治的判断指标是现实后果，而对现实后果的判断其实受制于"立场"的制约；认识论的指标则受制于思维方式，对同一对象可以有静态和动态的不同把握形态；知识的指标以真伪作为前提，伦理的指标则需要顾及善恶……当鹤见质疑正确的就对了吗、错了的就错了吗的时候，当鹤见强调"某种真实"的时候，其实他暗指的，正是这一系列不容简化的"正确"与"错误"标准错综复杂的性格。正是在这个意义上，他反思自己以反战为目标的正确观念"狭隘"。这并不意味着反战不对，而仅仅意味着反战立场相对单纯，无法包含相互矛盾着的更多"真实"。

早年分析都留重人在诺曼事件中所犯过失的时候，鹤见提出过这样一个标准：只有在自己也可能犯同样错误的意识之下，我们才能有效讨论别人所犯的错误。可以说，这个标准包含了丰富的内容，它来自鹤见早年在哈佛大学受到的实用主义哲学的熏染与他回国之后的思想历程。鹤见进入哈佛的 20 世纪 30 年代后期，实用主义已经经过了前期的摸索与实验阶段，进入了成熟的"造型"期。受到纳粹迫害的维也纳学派哲学家逃亡到美国，也为实用主义注入了新的、高度技术化的思想活力。年轻的鹤见俊辅，在这个得天独厚的环境中以自己的方式攻读了实用主义的经典，并形成了他一生的基本思想方式。

鹤见的《美国哲学》初版于 20 世纪 50 年代初期，这本讨论实用主义哲学的著作提出了一个有趣的判断：实用主义是一个反哲学的流派，不过它半途而废，最后被哲学收编了。

鹤见把实用主义的核心归结为"行为"。他认为实用主义应该翻译成"行为主义"，因为实用主义强调"思考只是行为的一个环节"。实用主义的创始人基本上来自哲学以外的学科，他们的思考方向各不相同，很难归结为某个"体系"。但是粗略看来，还是可以从伦理学、逻辑学和心理学这三个角度，将其归纳为功利主义、实证主义和自然主义。这三个维度分别由不同的哲学家代表，指向不同的方向。实用主义是一场思想运动，它以连接或催生行动作为思想的价值，宣布空洞的理论不具有意义。从这样的视角出发，鹤见针对日本思想界无条件崇拜抽象化的西方理论且缺少建设性批评习惯的知识氛围，提出了"实用主义的用途"问题。

鹤见说：我们都是在具体的环境中基于自身的欲望思考的，所以摆出论述普遍真理的姿态是不诚实的。在这种姿态之下，假如发生了意见冲突，就只好相互礼让了事；只有诚实地亮出欲望与环境这些底牌，才能开辟相互批评的途径，从而有效地认知各自想法的意义与局限，促进思想的繁荣。实用主义哲学与通常建构体系的哲学不同，它承认人只能在有限的范围内思考有限的事物，这也决定了哲学需要进行"状况性思考"，即保持思考本身的弹性原则。

在重视思想的局部性这一认识论基础上，鹤见指出了错误的意义。他说，通常人们对哲学的认识，都以体系为前提判断正确与错误。一个哲学思想体系要么正确要么错误，要是错了，就需要整个重新来过。日本学界正是以这样的态度对待实用主义哲学的，在"正确"或者"错误"这两个单纯的标准下移植这个不成体系的思想运动，其实看不清楚它真正的生命力所在。哲学思想体系的这种整体性认知状态，正是实用主义要挑战的对象。不过，任何反抗者都会以某种方式共享其反抗对象的逻辑，所以实用主义哲学家们最终也不免染上哲学界的毛病，变成了哲学家。鹤见大声疾呼道：实用主义哲学从诞生到现在（即 20 世纪 50 年代）已有 80 年了，是时候把这个运动没有贯彻始终的反哲学主义进行到底了。他所勾勒的这个反哲学的哲学运动，是一种"两栖动物"：植根于具体事物和具体价值，同时拥有可以腾飞到云端的抽象能力，但不可久居于抽象原理的高空，要有随时潜入具体事物与价值之海的气力。这种往复之间诞生的哲学，是一般性原理与日常生活的具体性个别性结合的产物。

鹤见这个设想是否完备又当别论，我感兴趣的是，正是在这样一种反哲学的哲学视野里，我们找到了为竹内好的错误定位的线索。标榜自己的思想体系完全正确的哲学，因为它的不诚实失掉了自我纠正的机会，而只有承认思考的局部性这一宿命的思想者，才真的有能力从错误中汲取真实的营养。对过失的检讨，也只有在这个意义上，才会提供通向真理的线索。

孙　歌

2024 年夏，于北京

守望思想　　逐光启航

光启
LUMINAIRE

挣扎中的决断：竹内好传

［日］鹤见俊辅 著

刘　峰 译

策划编辑　薛　羽　余梦娇

责任编辑　余梦娇

营销编辑　池　淼　赵宇迪

装帧设计　山川制本 workshop

出版：上海光启书局有限公司

地址：上海市闵行区号景路 159 弄 C 座 2 楼 201 室　201101

发行：上海人民出版社发行中心

印刷：山东临沂新华印刷物流集团有限责任公司

制版：南京展望文化发展有限公司

开本：850mm×1168mm　　1/32

印张：10.125　　字数：197,000　　插页：2

2025 年 1 月第 1 版　　2025 年 1 月第 1 次印刷

定价：82.00 元

ISBN: 978-7-5452-2020-9 / B·7

图书在版编目 (CIP) 数据

挣扎中的决断：竹内好传 /（日）鹤见俊辅著；刘

峰译 . -- 上海：光启书局 , 2024. -- ISBN 978-7-5452-

2020-9

Ⅰ . B313.5

中国国家版本馆 CIP 数据核字第 2024TA2091 号

本书如有印装错误，请致电本社更换 021-53202430